珍藏本

纪念版

汉译世界学术名著丛书

休谟政治论文选

〔英〕休谟 著

张若衡 译

2017年·北京

David Hume

ESSAYS

WARD, LOCK, AND TYLER, WARWICK HOUSE, LONDON

选自伦敦沃德、洛克、泰勒、沃里克出版社出版的《休谟论文集》

汉译世界学术名著丛书
（120年纪念版·珍藏本）
出版说明

2017年2月11日，商务印书馆迎来120岁的生日。120年前，商务印书馆前贤怀揣文化救国的理想，抱持“昌明教育，开启民智”的使命，立足本土，放眼寰宇，以出版为津梁，沟通中西，为中国、为世界提供最富智慧的思想文化成果。无论世事白云苍狗，潮流左右激荡，甚至战火硝烟弥漫，始终践行学术报国之志，无改初心。

逐译世界各国学术名著，即其一端。早在20世纪初年便出版《原富》《天演论》等影响至今的代表性著作，1950年代后更致力于外国哲学和社会科学经典的译介，及至1980年代，辑为“汉译世界学术名著丛书”，汇涓为流，蔚为大观。丛书自1981年开始出版，历时三十余年，迄今已推出七百种，是我国现代出版史上规模最大、最为重要的学术翻译工程。

丛书所选之书，立场观点不囿于一派，学科领域不限于一门，皆为文明开启以来，各时代、各国家、各民族的思想与文化精粹，代表着人类已经到达过的精神境界。丛书系统译介世界学术经典，引领时代思想，为本土原创学术的发展提供丰富的文化滋养，为推动中国现代学术和现代化进程做出了突出的贡献。

为纪念商务印书馆成立120周年，我们整体推出“汉译世界学术名著丛书”120年纪念版的珍藏本，寄望既利于文化积累，又便于研读查考，同时向长期支持丛书出版的译者、编者和读者致以敬意。

两甲子后的今天，商务印书馆又站在了一个新的历史时间节点上。我们不仅要铭记先辈的身影和足迹，更须让我们的步伐充满新的时代精神。这是商务人代代相传的事业，更是与国家和民族的命运始终紧密相连的事业。我们责无旁贷，必须做好我们这代人的传承与创造，让我们的努力和成果不仅凝聚成民族文化的记忆，还能成为后来人可以接续的事业。唯此，才能不负前贤，无愧来者。

商务印书馆编辑部

2017年10月

译者前言

大卫·休谟(David Hume 1711—1776)是著名的英国学者,人们大都知道他是一位重要的哲学家、历史学家和经济学家,但较少有人知道他同时也是一位颇有影响的政治理论家。其实,休谟十分关心政治,生前主要以政论家和历史学家闻名,直到 19 世纪后期人们才完全承认他在哲学和经济学方面的重要地位。

休谟的政治论文首先收集在 1741 年和 1742 年分作两卷发表的《道德和政治论文集》中,当即引起人们的广泛赞赏。1752 年发表《政治论》专集(实际上其中有许多重要的经济论文),使他不仅誉满英国,而且驰名全欧。本书所收文章均选自上述两书。

这些政论文,颇有特色,思想主张自成一家,博引史实,富于哲理,笔调模仿略早于他的英国散文家约瑟夫·艾迪生,既似论说又带有小品随笔的风味,写得亲切生动、启人思索。当时流传颇广,影响较大,据说对后来的法国革命领袖和美国开国元勋们均产生过一定影响。不过休谟的政治思想体系和政治主张,较为复杂含蓄,颇难简要概括。

总的说来,休谟的政治理论和他的经济理论一样,都是以人性论为哲学基础的。他认为人类大都自私、贪婪、嫉妒而又富于野心,喜好统治别人。因此他强调依靠法治和良好的政治体制,而不寄希望于人治。他说:“不应将政府的前途寄托于机会而应提供一种控制公共事务管理机构的法律体系。”他认为:“我们全部庞大的政府机构的最终目的无非是实施公正,或者换句话说,支持法治。”所有大臣做了坏事,均可绳之以法,只有国王一人例外,由做了坏事的执行大臣代受惩罚。他主张:“在设计任何政体和确定对该体制的一些制约、监控机构时,必须把每个政府成员设想成为无赖之徒,并假定他的一切作为都是为了谋求私利,别无其他目标。我们则利用这种利害关系来控制他,并使他与公益合作。”他认为:“做不到这一点,则夸耀任何政体的优越都会成为无益空谈,而且最终会发现,自由或财产除了依靠统治者的善心,别无保障,也就是说根本没有什么保障。”他相信:“法律的力量很大,一些特定的政体的力量也很大,它们对主管这一政府的人们的作风、个性依赖却很小。”他相信,健全的法制和良好的政治体制可以促使人人奉公守法,良好的体制本身应能提供反对弊政的补救办法,不让邪恶无能的人长期执政。这是休谟政治思想的核心。

休谟分析人类政治事务主要从人性和人的心理因素出发,但也不忽视经济发展对于社会政治和文化道德的影响。他认为政治自由可以溯源于商业发展所带来的经济上的分散和放任。他指出:“关于财产权的信念在政府的一切事务中都甚为重要。……尊重私有财产是所有政府的基础。”在休谟看来,政府的主要职责在于保障社会的安定,亦即保障人民生命财产的安全,禁止人们互相欺凌和侵犯他人财产。他认为:“不侵占他人财产乃是最主要的道德。”但同时指出:“实际上,任何土地房屋等耐用物,如果仔细考察其产权转让过程,总有一个时期是通过欺诈和不公正手段取得的。”显然，休谟的政治观点反映了18世纪新兴资产阶级、广大中等市民和一些开明贵族的政治要求。

休谟的这些政论同时也带有他的《不可知论》的特色，他一方面认为政治可以析解为科学，有规律可循；同时又认为人类政治事务甚多偶然事件，每条政治规律都有例外。因此他强调慎重、稳健，主张节制和折中。论述时兼顾对立各方，既流露了保守的倾向，又不乏精辟激进的分析，结论尤为持重，留有余地，甚至含糊不清。他说：“所有的政治问题都极为复杂，几乎从来没有任何一种选择纯粹是好的，或者完全是坏的。可以预料人们所采取的每种措施都可以得出许多预见不到的后果。”他一再指出：“两极常易相遇，殊途每可同归。”他欣赏政治上“犹疑、含蓄、悬而不决”的作风，认为这是明智、公正的哲人应有的情调，实际上也是他自己这些政论所共有的情调。

这些恐怕也是休谟的政论在当时所以流传较广的原因，他的保守倾向即使是保王党人和宫廷党人亦可接受，他的某些尖锐深刻的分析和揭示即使是激进派也可能给予赞赏，至于他那稳健的改良观点更易受到广大中等市民的欢迎。

为了了解、评判休谟的政治思想体系，有必要对他的一些主要论断和主张进一步作些简介。

关于政府的起源，休谟一方面认为政府是建立在公众信念之上的，同时认为古往今来的政府从来不是由于民众认可而产生的。他说：“几乎所有现存的政府和所有在历史上留有一些记录的政府开始总是通过篡夺或征伐建立的，或者二者兼用。一个狡诈而又勇敢的人当了军队或派别的首领，则甚易建立自己对于人民的统治地位，有时依靠暴力，有时依靠欺诈。”他认为政府是依靠暴力维持的，没有暴力，任何政府都难以存在。

关于政府的体制，休谟在原则上承认民主共和国的体制最好，认为自由政府是唯一适于艺术和科学生长的苗圃，可以有学术自由、贸易自由和新闻自由。但是，他又不相信民众能够选出好的领袖，认为民众大都无知，易受野心家的煽动和操纵。他特别反对没有代议制的直接民主，甚至说民选结果有时不一定强于世袭。他害怕所谓暴民专政，说没有什么比建立民众政府更为可怕。

在感情上休谟倾向于君主制，特别赞赏文明的君主立宪制度。他公然宣称：一位世袭的君主，加上没有奴仆的贵族和由代表行使选举权的民众，将构成最佳的君主制，在这个制度下，私有财产与在共和国中一样将得到保障。但是，他反对君主专制制度，认为这种制度本身包含着排斥法律的东西，艺术和科学不可能在这样的制度下得到发展。而君主立宪制度即使也有缺点，但由于议会的存在，至少可以使君主的权力受到一定的制约。

休谟反对建党立派，认为党派会损害政府，瘫痪法律，并在同一民族中造成严重的敌对情绪。但是他又认为在自由政府中完全取消党派既不现实也不可取。

在社会变革上，尽管休谟承认用武力摧毁旧的政府几乎是世上从古到今一切新建政府的起源，但他又反对激烈变革和暴力革命，主张渐进的革新。他说，人类机构必须不断有所革新，但是要尽可能将当前的革新与古老的体制相协调，保持原有体制的主要支架，不要激发人们爱好危险的新奇事物。因此，他虽然赞成在异常情况下可以革命和反抗暴君，但是这只有在绝对不得已的情况下，即当公众受到暴力和暴政威胁、处于最大危险之中时，作为一种最后的补救手段，才能进行。

从以上所述可以看出，休谟的政治思想体系是偏于保守的，充满种种矛盾的。这在很大程度上反映了英国资产阶级的保守性和妥协性。

1990 年 12 月

目　　录

一　关于新闻自由

没有什么比我们这个国家中人们所享有的极端新闻自由更易使外国人感到吃惊了。我们可以任意向公众报道一切，并可公开指责国王及其大臣们所采取的每项措施。假如政府当局决定打仗，人们便断言他们误解了民族利益，若非别有用心，便是愚昧无知；而且宣称在当前情况下和平最为可取。假若大臣们热衷于和平，我们的政论家便一味散布战争气氛，鼓吹杀伐，并把政府的和解措施说成是卑怯行为。鉴于这种自由是别的任何政府，不论是共和制的或是君主制的政府所不容许的，即使在荷兰和威尼斯都是不容许的，那里比法国和西班牙限制更严*；这就自然会引起一个问题：为什么唯独大不列颠人民享有这种特权？

我们的法律之所以容许我们享有这种自由，原因看来在于我们政府的混合体制：它既不全是君主制，也不全是共和制。人们将会发现，如果我没有弄错的话，下述政治观察是真实可靠的：政府中的两种极端，自由与奴役，常常相互最为接近；而且，如果不走极端，而是将少许的君主制和自由掺和，政府就会变得更为自由；另一方面，若是将少许自由和君主制结合，则政治枷锁总是变得更为

* 当时（18 世纪时）荷兰和威尼斯是由共和制政府治理，而法国和西班牙却由君主制政府治理。——译者

沉重和难于忍受。在一个像法国那样的专制政府里，那里的法律、风俗、宗教等一切凑合起来，使人民完全安于自己的处境，君主对臣民不可能抱有任何猜忌之意，因而易于容许他们享有大量言论自由和行动自由。在一个像荷兰政府那样完全是共和制的政府里，那里没有任何足以引起国家猜忌的突出的行政官员，因而可以授给他们以决断大权而无危险；这种权力对于保持安定和秩序虽有很多好处，但对人们的行动却也给予相当大的约束，并使每个公民必须大大尊重政府。看来甚为明显的是：君主专制和民主共和国这两个极端在某些实际情况下互相接近，其表现是：一、行政官员对人民无猜忌之意；二、人民对官员亦无猜忌之意。这种互不猜忌在两种情况之下均可导致互相信任：在君主国中产生一种自由，在共和国中产生决断之权。

上述观察还表明：在每个政府中，手段、方法相互差别极大，而君主制和自由的结合则使得枷锁不是较易承受，便是更为沉重；为了说明这种观察符合情理与事实，我必须引述塔西佗*所说的一段话，他讲的是帝制下的罗马人。他说：他们既不能忍受完全的奴役，也不能忍受完全的自由。一位有名的诗人**在一节生动描述伊丽莎白女王的政府和政策的诗中，将此话译改成法语，用来形容英国人。

---

* 塔西佗（55—约 120），古罗马历史学家，历任保民官、执政官、行省总督等职。他反对帝制，以共和政体为理想。主要著作有：《编年史》、《历史》、《日耳曼尼亚志》、《阿古利可拉传》等，均系研究西方古史的重要资料。本书以后各篇，引用较多。——译者

** 指伏尔泰（1694—1778），法国启蒙思想家，作家，哲学家。《亨利亚特》是他的一首有名的史诗，写于 1723 年，描写宗教战争加于人民的灾害。——译者

“给桀骜不驯的英国人套上枷锁，
他们既不能自由地服役，也不能自由地生活。”
——《亨利亚特》

根据这些评论，我们认为古罗马帝制下的政府是一种专制和自由的混合结构，其中专制占优势；英国政府同样也是一种混合结构，不过其中自由居支配地位。二者所导致的后果，符合上述观察，这是从那些采取混合体制、导致互相戒备和猜忌的政府可以预期的事。古罗马的皇帝很多都是有史以来最可怕的，玷辱人性的暴君，而他们的残暴显然主要是由其忌恨之心所激发的，是由于他们看到罗马所有的大人物都不能容忍一家一族的统治，不能容忍一个不久之前并不比他们高贵的家族的统治。与此相反，英国政府虽然与君主制混合，但共和制部分居于优势；为了保存自己，它不能不对行政官员保持戒备、猜忌，排除一切专断之权，并以通用而又固定的法律，保障人人生命财产的安全。除了法律明白规定者外，任何行为不得认为是罪行。除了依据提交法官的法定证据外，不得以任何罪名加之于人，而这些法官还必须是出于本身利益、自觉监视大臣们有无违法乱纪行为的本国国民。由于这些原因，可以说在英国存在的自由（甚至可以说是放肆）和从前在罗马存在的奴役与暴虐一样多。

这些原理说明为什么在这些王国内存在这么多的新闻自由，超过了任何其他政府所容许的限度。因为人们担心：如果不认真防止专权现象的发展，如果没有一种将警报从我们王国的这一端传送到另一端的简易方法，专制独裁就会不知不觉地凌驾于我们

头上。为了约束宫廷野心,必须经常鼓舞人民的精神意气,必须利用宫廷害怕唤起人民的心情遏制其野心。而要达到这个目的没有什么比新闻自由更有效了。通过新闻自由,整个民族的学识、智能和天才可以用来维护自由,激励人人都来保卫自由。因此只要我们政府的共和部分能够持续抵制君权,它自然会认真保持新闻开放,这对它自身的生存至关重要。

不过,也必须承认:无限的新闻自由也是这种混合体制的政府的伴生弊病;不过我们对此很难,也许不可能提出什么补救办法。

二　谈政治可以析解为科学

有些人提出一个问题:这一政府体制与另一政府体制之间究竟有无任何本质区别? 每种政府体制是否都可能由于管理的恰当与否而变好或变坏?[1] 假若人们一旦承认所有政府都是一样的,唯一差别在于治理者的性格和品德有所不同,那么一切政治争论大都可以终止了。有些人钟爱这种体制甚于另一种体制,所有这类热情也必须视为不过是偏执和愚蠢而已。我虽然是个随和之人,却不能不谴责上述这种观点;如果人类事务只不过是由特定人物偶然具有的性格和品德所决定的,别无更多的稳定性可言,我想起来也会感到惋惜!

确实,那些认为各类政府的优越全在于管理得好的人,可以从历史上引证许多具体事例,说明同一政府在不同的人手中,突然完全变了,形成两种好坏对立的极端。试将亨利三世下的法国政府和亨利五世下的法国政府比较一下吧! 前一悲惨时代的特征是统治者欺凌压榨、反复无常、阴谋诡诈,臣民们则派别纷杂,暴乱频仍,叛逆不忠。但当那继位的王子,那位爱国的和英勇的王子,一旦稳固地登上王位,政府、人民,每样事物似乎都立即变了样;而这一切变

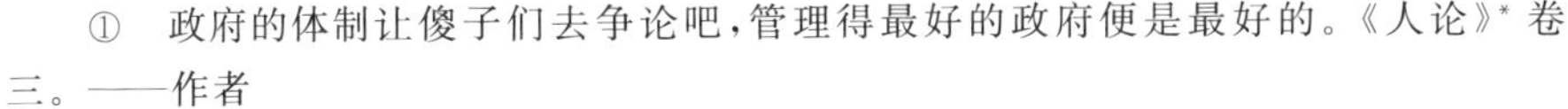

① 政府的体制让傻子们去争论吧,管理得最好的政府便是最好的。《人论》[*] 卷三。——作者

* 《人论》系英国启蒙运动时期古典主义诗人蒲柏(1688—1744)所著。此外,他还著有《批评论》和《道德论》等哲理诗。——译者

化似均出自这两位帝王脾气和品格之不同。这种事例在古代和近代历史中，在本国和外国的历史中，可以成倍地列举，几乎是无数的。

不过，在这里作个区分可能是恰当的，所有专制政府必然大大依赖管理，这是伴随这种政府体制的严重缺点之一。但一个共和与自由的政府，如果其宪法所规定的特定约束和控制实际上不起什么作用，而且使得人们甚至坏人为公益尽责办事都得不到什么利益，那么这种政府便会成为显然的笑柄。而这些政府体制其结构合理者，本来就是为了起上述作用的，本来是可以产生这种实际效果的；另一方面，其原有框架和机构缺乏管理技巧和诚实作风的，又是一切骚乱和邪恶之源。

法律的力量很大，而政府特定体制的力量也很大，它们对主管这一政府的人们的作风、个性的依赖却很小，以致我们有时可以从它们推断出一些普遍而又肯定的结论，就像数理科学所提供的结论一样。

罗马共和国的政治体制将整个立法权授予人民，贵族或执政官均无反对之权。这种无限的权力由人民集体享有而不是由一个代表机构享有。其结果是：后来人民由于兴旺发达和对外征服，人丁繁衍，扩散到离首都很远的地方。这样一来，几乎一切选举表决都由城市居民行使，尽管他们是最令人看不起的。他们因而受到每一欺世盗名之徒的哄骗。他们享受普遍配给的谷物，几乎从每个候选人那里接受特殊贿赂，过着闲散的生活。他们因此日益放纵，而马梯耳斯广场*成了经常发生骚乱和暴力的场所。后来在这些无赖市民中又引进了武装奴隶，整个政府因而陷于无政府状

* 马梯耳斯广场位于罗马市中心。——译者

态，而罗马人当时所能寻求的最大幸福，就是恺撒式的专制权力，这就是没有代议制的民主产生的恶果。

一个贵族可以拥有一个国家立法权的全部或一部分，其途径有二。或是每一个贵族成员分享作为整体一部分的权力，或是整体享有由每一不同权力和职能部分构成的权力。威尼斯贵族是第一类政府的实例。波兰则是第二类的实例。在威尼斯政府中，贵族作为整体拥有全部权力，而且没有一个贵族不拥有从整体中取得的任何职权。在波兰政府中，每一个贵族由于他的采邑，拥有超过他的家臣的不同的世袭权，但是贵族整体除了从它的各个部分协调一致取得的之外，别无任何权力。这两种类型的政府的运作和趋向可能是明显的或优劣分明的。一个威尼斯贵族较之波兰贵族更为可取，它让人们的幽默和教育如此纷繁多彩。一个贵族，他拥有他们共有的权力，将负责维持和平和秩序，这包括他们自己当中的人和他们的臣属，但是没有一个成员可以拥有控制法律的足够权力，哪怕是一刹那。贵族们将保持他们对于人民的权力，但不用任何残酷的暴行或任何破坏私有的财产，因为这样一种专制政府提高的不只是整体的利益，而是包括某些个人的利益。这可能构成贵族和人民的等第，这将是这种国家中唯一的差别。全体贵族构成一个整体，全体人民则构成另一个整体，这与那些私有采邑的任何部分无关，与到处扩散毁灭和凄凉的各种仇恨也无关。从这些细微的解述中的每一项着眼，波兰贵族的不利方面是显而易见的。

有可能组建这样一个自由的政府，由一个人（你可称之为总督、亲王或王上）握有很大一部分权力，与政权的立法部分形成恰

当平衡或与之匹配。这个行政长官既可以是选举的，也可以是世袭的，虽然前者从表面看似乎最为有利，但更为确切地考察一下就可发现前者较之后者，不便之处更多，而且是一些涉及永恒的原则和目标的问题。在这样的政府中王位的归属关系太大了，涉及的利益太广了，使得整个人民分成不同派别，因而每次王位空缺时，人们都担心，几乎必然要担心，可能发生一场像内战这样的最大灾祸。被选的君主不是外国人，便是本地人。前者对于他行将管辖的人民全不了解，对于这些臣民心存疑惧，同时也为这些臣民所疑忌。他只能完全信任陌生之人，而这些人关心的只是在主子的宠信和权威尚能支持他们的时候，以最快的方式谋财致富；若是一个本地人登上王位则将带来他所有的个人恩怨，而那些认为他原来和自己同等的人，看到他的荣升，总不免要产生嫉妒之情。更不必说，王位是一种过高的奖赏，不是单凭个人功德授予的，它经常诱使候选人使用暴力、金钱或阴谋诡计去获取选民的选票；因此这样的选举所提供的选择更佳品德君主的机会，并不优于单凭出身决定君主。

从而可以宣布下述论断是政治上的一条普遍真理：一位世袭的君主，加上没有奴仆的贵族和由代表们行使选举权的人民，构成最佳的君主制、最佳的专制和民主。不过为了更充分地证实政治也容许普遍真理，并不因臣民或君主之脾性或教育而有所变异，我们考察一下这种似乎配称为科学的科学的另一些原则，也许是不会错的。

不难看出：自由政府对于那些分享自由的人虽然常常是最大的福惠，然而对于他们所管辖的领地来说，却是最具破坏性和压制性的政府。这种看法，我相信，可以确定为我们现在所谈论的这类政府的一条规律。当一位君主依靠对外征服扩展其统治领域时，他很快就学会要同等对待自己的新旧臣民，因为实际上除了少数个人熟识的友好和宠信者外，所有臣民对于他来说都是一样的。因而他在一般法律上不作区别对待，同时注意既不制定任何压制新臣民的特殊条款，也不颁布任何压制旧臣民的特殊律令。但一个自由之邦对待新旧人民却必然会有很大区别，而且必须经常如是，直到人们学会既爱自己也爱邻居。在这样的政府中，征服者都是立法者，他们肯定要设法通过限制贸易、税收，从被征服者那里既获取一些公利又获取一些私利。共和国中的行省总督也更有机会掠夺民财并通过贿赂、诡骗，逃脱惩罚，逍遥法外；而他的同胞们看到自己的邦国由于掠取征服省份而富裕，也更易于容许这种暴虐。更不必说，在自由邦国中，经常更换总督是一种必要的谨慎措施，这就迫使这些临时的暴君更加处心积虑，更为贪婪，以便在交接职位之前聚敛足够的财富。试看，罗马人在共和国时代对他们所征服的世界何其暴虐！不错，他们确有制止行省地方长官压榨人民的法律，但西塞罗*告诉我们：罗马人真要考虑省区利益，没有比废除这些法律更好的了。因为，他说，在这种情况下，我们的地方长官掠取民财可以完全不受惩罚，他只要掠取足够满足一己贪欲的财物就够了，可现在他们却需同时满足法官们的贪欲，满足所有他们需要求其庇护的罗马大人物的贪欲。谁读了维里斯残暴

* 西塞罗(公元前106—前43)，古罗马政治家、雄辩家和哲学家。公元前63年任执政官，51年任西里西亚总督。内战期间追随庞培反对恺撒。恺撒死后热衷于恢复共和政体，常发表演说，是元老院中有影响的人物，后被杀。在哲学上属折中派，主要贡献在于将希腊、罗马哲学通俗化，使人易于接受，著述广博，文体流畅，被誉为拉丁文的典范。——译者

压榨人民的事能不感到震惊？然而在西塞罗竭尽自己雷霆万钧的辩才痛斥这一国人共弃的罪犯并使他受到法律的极端判决之后，这个残酷的暴君居然能够在富裕和安定中怡然活到晚年；直到三十年后，才因财富过多被马克·安东尼* 剥夺、流放，和西塞罗本人以及罗马所有最正直的人们一起倒下来。谁听了这样的事能不感到愤恨呢？在共和国瓦解之后，据塔西佗说（见《编年史》，卷一，第二章），罗马人对各个行省的统治反而变得比从前放松了。可以看到：许多最坏的皇帝，例如图密善**，都注意制止对行省的过分压榨。在提比略*** 时代，人们认为高卢**** 比意大利还要富裕。我自己也未发现在整个罗马帝国时代，帝国的各个行省的财富和人口曾经有所减少；不过帝国的士气和军纪确实始终处于衰败状态。从波利比阿***** 的《通史》（卷一，第七十二章）可以得知迦太

* 马克·安东尼（公元前 82—前 30），古罗马统帅，恺撒的部将。公元前 44 年任执政官，与屋大维（奥古斯都）、雷必达结成后三头政治联盟，共同打败刺杀恺撒的共和派贵族，出治东部行省，与埃及女王克娄巴特拉七世结婚。后被屋大维和元老院联合出兵击败，自杀。——译者

** 图密善（51—96），罗马暴君，在任期间为 81—96 年。——译者

*** 提比略（公元前 42—公元 37），罗马皇帝，在任期间为 14—37 年。——译者

“如果他自己精力旺盛，就要恢复那美好的自由时代。当时在意大利是多么缺乏自由。在战争年代，城市普通百姓无一是健壮的，甚至军队也是这样。”见塔西佗《编年史》卷三。——作者

**** 高卢，古地名，主要包括两大部分：(1)山南或内高卢，即意大利北部，阿尔卑斯山以南，卢比孔河以北地区；(2)山北或外高卢，即阿尔卑斯山以北地区，大体包括今法国、比利时、卢森堡及荷兰、瑞士一部分。公元前 58—前 51 年为罗马统帅恺撒所征服。——译者

***** 波利比阿（公元前 205—前 125），古希腊历史学家，著《通史》40 卷，今仅存一至五卷及若干其他残篇。——译者

基[*]人对其非洲属国压榨之深，暴虐之甚。他们索取当地产品的一半；这种地租本来已经很高，但他们仍不满足，又加征了许多苛捐杂税。如果从古代转到现代，可以发现上述情况仍然属实。专制国家的省区总是比自由国家的省区受到较好对待。试将法国的属地和爱尔兰比较一下，就会信服这一真理；尽管爱尔兰这个王国中有很大部分的人是英国移民，享有很多的权利和特权，按理自然应当使她获得比一个被征服的省区更好的待遇。科西嘉[**]也是一个显明的例证，同样说明问题。

马基雅维里[***]有一段话谈到亚历山大大帝征服的地方。这段话我觉得可以看作是那些时间和事件都不能改变的永恒政治真理之一。这位政治家说：看来奇怪的是，那些被亚历山大这样突然征服的地方，竟能由他的继承者和平享有；而且在希腊人内部一团纷乱、互相厮杀的整个时期，这些波斯人居然从未试图恢复他们原来的独立国家。为了帮助我们充分了解这一非常情况产生的原因，可以设想一个君主能以两种不同的方式治理臣民：他可以或者遵照东方君主的准则，极力扩展自己的权威，使得臣民之中没有什么尊卑上下之别，一切政令出自君主本人，门第出身不起什么作用，荣耀和财产不能世袭，总之，除了君主的委任和赐予，臣民别无其他荣誉声望可

---

* 迦太基是北非的一个古共和国，位于今突尼斯地，建于公元前 814 年，实际是个奴隶制国家，主要从事农业，经营海外贸易，实行贵族寡头政治，由元老院和两执政官操实权。另设一监察机构，权力亦大，而民众会议则形同虚设。公元前 2 世纪沦为罗马行省。——译者

** 科西嘉是地中海的一个岛屿，法国的一个省。看来作者认为这个当时属专制国家的省区享受到了较好的对待，而爱尔兰岛在号称自由的英国政府的治理下，却受到了残酷的统治和压榨。——译者

*** 马基雅维里（1469—1527），佛罗伦萨政治家、政论家和历史学家，代表作为《君主论》，发表于 1532 年。——译者

言。另外，他也可以像欧洲的君王一样，以较温和的方式行使其权力；除了他本人的宠信恩赐之外，人们还有获得荣誉的其他来源，诸如出身、爵位、财产、勇敢、诚实、知识，或伟大、应时之成就。在前一类国家中，被征服者永无摆脱枷锁之可能，因为在民众中无人享有足以起义举事的个人声望和权威；而在后一类国家中，胜利者中只要略有灾祸或略有不和，即可促使被征服者拿起武器，因为他们已有随时可以鼓动和引导他们从事各项事业的领袖。①

① 我根据马基雅维里的假设，认为古波斯人没有贵族。不过也有理由怀疑这位佛罗伦萨的大臣先生，看来他熟悉罗马作家甚于熟悉希腊作家，在这个特定问题上，他可能错了。更早一点的波斯人确是自由的人民，没有贵族；他们的社会情况色诺芬*已作过描述。甚至在对外征服扩张，政府形式也因而改变之后，他们的"同等高贵者"仍然保持着。阿里安**则在其《亚历山大远征记》卷二中记述了大流士时代波斯人的情况。不过历史学家也经常提到当时占据要位的人物出身名门望族：例如泽尔士***属下的米底人的将军泰格雷里斯出身于阿契马里斯族（希罗多德：《历史》，卷七，第六十二章）；指导人们绕过阿陀斯山****、挖通运河的阿塔契耳斯也出身于同族（上书同卷第一一七章）。梅加布宙斯是图谋反抗波斯僧侣神权的七个显赫波斯人之一。他的儿子佐布鲁斯是大流士之下的最高将领，为大流士夺取了巴比伦城。他的孙子小梅加布宙斯率领波军在马拉松战败。他的曾孙小佐布鲁斯也是一位名人，后被放逐出波斯（希罗多德：《历史》，卷三，修昔底德：《伯罗奔尼撒战争史》，卷一）。在阿塔克塞西斯统领下在埃及指挥一支军队的罗萨塞斯也是上述七位谋叛者之一的后裔（戴奥多勒斯·西克鲁斯：《史书》，卷十六）。阿格西腊斯渴望为其盟友科底斯王和斯比斯里达特斯的女儿联姻，斯比斯里达特斯是一位逃到他那里的有地位的波斯人。他首先问科底斯：斯比斯里达特斯属于什么家族？科底斯回答说：属于波斯最显赫的家族之一（色诺芬：《希腊史》，卷四）。阿里埃斯拒绝接受克罗契斯授给他的君权和一万希腊人，认为自己身份太低，并说许多有名望的波斯人绝不会忍受他的统治（色诺芬：《远征记》，卷二）。上述七个波斯人的后裔有些在亚历山大大帝的继承者治理的时代仍然存在。安太河克斯时代的密斯里达特斯，据波利比阿说，即是他们的后裔（波利比阿：《通史》卷五，第四三章）。阿塔巴佐斯，据阿里安说，亦出身于望族（《远征记》，卷三）。当亚历山大大帝命令他的八十个将领在一天之内都和波斯女人结婚时，其意图显然是想将马其顿人和波斯最显赫的家族联结起来（上书卷七）。据戴奥多勒斯·西克鲁斯说：她们都是波斯出身最高贵的人（他所写《史书》，卷十七）。波斯政府是专制的，在很多方面按照东方方式行事，但还没有达到取消一切贵族、不分等级阶层的地步，其社会上还留有不靠委派的职务，而凭本身条件及家世出身而显贵的人物。马其顿人之所以能够轻易维持其对波斯人的统治，

这就是马基雅维里的推理，看来很确实可靠，而且是结论性的。不过他宣称：按照东方政策方针治理的君主国，虽然在征服之后较易保持，但却是最难征服的，因为在其臣民中不可能有什么可供敌方利用的强有力者，而这种人物的不满情绪和分裂倾向是有利敌方征服的；这一点颇可商榷，但愿他没有混淆真理和谬误。因为，除此之外，这样暴虐的政府必然会削弱人们的勇气，并使他们漠不关心君主的命运。此外，我们根据经验还发现：在这样的政府中，将军们和行政官员的权威虽然是暂时的，是由君主授予的，但在其管辖范围之内却和君主本人一样绝对专制，即使在惯于盲目服从的野蛮人中这也足以引起极其危险、致命的革命。因此，从各个方面来看，温和的政府总是较为可取，它既给君主也给臣民带来最大的安全。

因此，立法者不应将一个国家未来的政体完全寄托于机会，而应提供一种控制公共事务管理机构的法律体系，传之子孙万代。种何因必得何果，贤明的律令在任何共和国中都是足以留传后代的最可宝贵的遗产。在最小的法庭和机关中，人们发现，按照固定的形式和方法处理事务较能防止人性的自然蜕化。为什么公共事务不能照此办理呢？威尼斯政府历经许多世代仍然稳定贤明，

另有原因，这在史籍中是易于查到的。不过我们必须承认，马基雅维里的推理，本身仍然是公正的，尽管它能否应用在当前这个事例上是很值得怀疑的。——作者

* 色诺芬（公元前约430—前355），古希腊雅典城邦的贵族奴隶主、军人、历史学家、苏格拉底的弟子。——译者

** 阿里安（95—175），古希腊历史学家和地理学家。曾获罗马公民权。出任过卡帕多西亚（今小亚细亚）总督。著有《亚历山大远征记》七卷，《印度记》及《黑海周游记》等书。——译者

*** 泽尔士（又译薛西斯）和大流士均为古波斯帝王。——译者

**** 阿陀斯山位于希腊东北部的乔西戴斯半岛，高6670英尺。——译者

除了由于其政府形式好，还能归之于别的什么原因呢？雅典和罗马政府之所以动荡不安，最后这两个有名的共和国竟然覆亡，其根源实在于原有体制存在这些缺陷，这难道不易指明吗？这种事情很少决定于特定人物的脾性和教养，故同一共和国由同一些人治理，结果可能这一部分管得好而另一部分管得差，而这仅只是由于管理这些部分的政府体制和机构有所不同。历史学家告诉我们，热那亚*过去就是这种情况。虽然该邦经常发生暴动和骚乱，而成为人民事业重要部分的圣·乔治银行，在几个世代中却经营得极有信誉、极其卓著。**

为公精神最发扬的时代不一定总是私人道德最突出的时代。在社会风气、习惯很少传给人以人道和正义感的地方，好的法律却可以建立体制的正常秩序和适中的调节。从政治观点上看，罗马历史上最光辉的时代乃是从第一次布匿战争的开始到最后一次布匿战争结束的这段时期；当时贵族与平民之间的恰当平衡由于护民官的斗争而保持稳定，这种平衡并未因征占地域的扩大而丧失。然而就在这个时期，下毒杀人的做法却很普遍，有一个执政官在一

---

* 热那亚是意大利北部港市。公元前3世纪为罗马帝国的自治城市。公元11世纪为城市共和国。1797年被法国拿破仑攻占，附属法国。1815年并入意大利王国。——译者

** 像圣·乔治银行这样的机构的例子，在古今学者所曾撰述或想象过的任何共和国当中都是从来未曾有过的。在同一个社会中，在同批公民中，竟然出现自由和暴政、廉洁和贪污、公正和不公正两种不同的现象：因为圣·乔治银行保留着许多历史悠久的古制。假如这个机构能够（早晚很可能）占有整个共和国的话，那么这个共和国一定会比威尼斯共和国优越（马基雅维里：《佛罗伦萨史》中译本，第八卷，第444页）。——译者

个季度不到的时间内在意大利的一个地区毒杀了三千余人，因而被判处砍头（李维：《罗马史》，卷十一，第四十三章）。而且许多情况表明他这类暴行还有很多。在较早的罗马共和国时代也有类似的或者不如说是更恶劣的事例（李维：《罗马史》，卷八，第十八章）。这些我们在历史上非常仰慕的人民，在私生活上竟然如此堕落！我并不怀疑他们在前后三执政时代确实较为讲究道德，但这时他们却将共有的国家搞得支离破碎，将杀伐、荒凉扩散到世界，而这一切只不过是为了选戴一个暴君。*

这就是当时每个自由之邦都应以极端的热忱维护它的那些良好的政府体制和机构的充分原因；依靠这些体制、机构，自由得以确保，公益得到考虑，特殊人物的贪欲和野心受到限制和惩罚。没有什么比能感受这种高尚的激情更能为人性增辉了，正如没有什么比缺乏这种激情更能表示心灵的卑下。一个只爱自己而不顾及友谊和德行的人当然应该受到最严厉的责难，但一个仅只感受友谊而无为公精神的人或不关心社会的人却是缺乏最根本的道德。

不过，这个问题现在不必在此多谈。双方目前都有足够的狂热者，他们煽起自己一方党徒们的激情，并在维护公益的幌子下谋求一派的利益和目标。至于我自己，我总是喜欢宣扬节制甚于宣扬狂热；不过要使每个党派内部产生节制稳健之风，也许最可靠的办法是提高我们为公的热情。因此，如果可能的话，让我们努力从上述理论吸取适中的教训，注意我们的国家现在已经分裂成一些党派；同时，我们也不容许这种适中削弱每个人追求国家公益的勤勉和热情。

在我们这样容许极端自由的国家中，那些攻击或维护政府某

* “鹰旗指向鹰旗，罗马人斗杀罗马人，
拼死相斗只不过是为了选戴暴君。”——高乃依

一大臣的人们，总是把事情弄到极端的地步，极力夸大他对公众的功绩或过失。他的敌人肯定会要指责他在内政外交上都是罪大恶极；在他们的记录中，这位大臣简直无恶不作：他进行了不必要的战争，订立了丧权辱国的条约，挥霍了公共财富，推行了压榨性的捐税，管理工作中更是弊政万端，一切罪名都加到他的头上。为了加重他的罪责，据说他的恶行还会祸延后代，因为他破坏了世界上最佳的宪法，搅乱了那贤明的法律体系、机构和惯例，而我们的先人许多世纪以来在这些法律、机构和惯例的治理下，一直过着幸福生活。因此他不仅本身是个邪恶的大臣，而且使我们丧失了在将来反对邪恶大臣们的一切保障。

另一方面，这位大臣的党徒们对他的颂扬也和敌人对他的谴责一样高唱入云。他们赞扬他的治理不论哪一方面都是贤明、坚定、稳健、恰当的：在国外保障了国家的荣誉和利益，在国内赢得了公众的信任，限制了迫害暴虐，消除了派别纷争。这一切功德全都归于大臣一人，同时还为他的其他所有功绩加冕，说他虔诚地遵循了我们这部世上最佳的宪法，保持了它的每一部分，完整无缺地传诸后世，成为子孙万代幸福和安全的保障。

当这种指责和颂扬为各个党的党徒们所接受时，在双方都会引起不寻常的激动，并使全国充满了狂热的敌对情绪，这是不足为奇的。不过我甚愿奉劝这些党派狂人：你们这种指责和颂扬存在着明显的矛盾；假若没有这种自相矛盾，指责或颂扬均不可能唱叫得如此高昂。假如我们的宪法结构真是那么完美，确是不列颠的骄傲，为我们邻居所妒羡，是许多世纪劳动的升华，牺牲了千百万人方始完善，流血成河而后巩固[1]；假如我们的宪法体制略能无愧

① 《论党》(*Dissertation on Parties*)，第10封信。——作者

于这些颂词，我说，它绝不会容许一个邪恶而又无能的大臣顺利统治二十年之久；国内最有才能的人物定会不断反对，运用口诛笔伐的极端自由，在议会中发言并经常直接向人民呼吁。假如这位大臣的邪恶无能真正达到了攻击者们所激烈指责的程度，那么这部宪法原来的原则一定有毛病，我们就不能谴责这位大臣破坏了世上最佳的政府体制。一种体制之所以好仅仅在于它能提供反对弊政的补救办法。英国正处于最富活力的时期，并已经受历史上两大非常事件的锻炼，经历了我们古老王室因之牺牲的革命和复辟两大事件而更成熟了，如果我们具有这么多优点的体制事实上不能提供任何补救办法，那么我说：对于任何破坏这种政治体制并为我们提供机会用来制定另一部更好的宪法以代之的大臣，我们毋宁应当感谢。

我想用同样的论点缓和这位大臣的维护者的热情。我们的政治体制果真是好极了吗？那么更换一位大臣并不是那样可怕的事，因为这种体制的本质就是要在每个部里做到保护自己免遭破坏，并能防止管理机构发生无法无天的情况。我们的体制如果真是坏透了，那么由于更换大臣而产生如此异常的猜疑和担心就是不必要的。在这种情况下，人们的焦虑不应超过一个娶了妓女为妻的丈夫，时刻都要防范妻子的不贞行为。在这样的政府中，公共事务不论由谁管理都必然会弄到混乱不堪；在这种情况下，爱国志士们的热忱还不如哲学家的忍耐和顺从更合时宜。加图*和布鲁图**的德行和善意值得高度赞扬，然而他们的热情究竟起了什么

* 此处指小加图(Marcus Porcius Cato，公元前95—前46)，古罗马政治家，支持元老院共和派，反对恺撒。——译者

** 布鲁图(Brutus，约公元前85—前42)，古罗马政治家，公元前44年与卡西乌等刺杀独裁者恺撒，旨在恢复共和政体。——译者

作用呢？不过是加速罗马共和政府的死亡，并使得当时的混乱和临终前的痛苦更为激烈、更为难熬而已。

我不愿被人误解，认为我的意思是说公共事务根本不值得关心和注意。如果人们是有节制的和始终如一的，他们的要求可予承认，至少可予考察。民权党仍可宣称：我们的政治体制虽然极好，但在一定程度上仍有发生弊政的可能。因此，大臣如果不好，以适度的热忱反对他还是恰当的。另一方面，假设大臣很好，宫廷党也可保护他，并以一定的热情保护他的政府。我只想奉劝人们不要为此争斗，像卫教保家一样舍命争斗；不要以自己的激烈派性将本来良好的体制搞坏了。

在当前这场争论中，我对任何个人因素均未考虑。在最佳的政治体制中，每个人都受到严格的法律约束，人们易于发现一位大臣的好心或恶意，从而判断其个人品格究竟值得爱戴抑或应予憎恨。不过这类问题对于公众来说是无关紧要的，而那些用笔杆子颂扬或攻击这些大臣的人却使人有理由怀疑他们不是心怀恶意就是意图吹捧。

三　论政府的首要建基原则

对于那些以哲学家的眼光考察人类事务的人来说，没有什么比下列事实更为令人惊讶的了：多数人居然轻易地为少数人所治理，而且人们竟能抑压自己的情绪和爱好，顺从统治者的喜爱。我们如果探索这种奇迹是如何实现的，就会发现：由于力量总是在被统治者的一边，统治者除了公众信念的支持，别无依靠。因此政府是完全建基在公众信念之上的。这一箴言既适用于最自由、最民主的政府，也适用于最专制和军事化的政府。埃及的苏丹和罗马的皇帝对待自己的驯服臣民可以像对待牲畜一样，违反他们的感情和意愿，任意驱使他们；但至少在率领自己的马穆鲁克*时，必须像对待人一样，尊重他们的意见。

公众信念有两类：即关于利益的看法和关于权利的看法。关于利益的看法，据我理解，主要即公众意识到可以普遍从政府获得好处，并相信现在建立的这个政府和其他任何易于稳定的政府一样优越，有利于众。如果这种看法在国内大多数人中或在那些有力人物中占优势的话，就大有助于该政府的稳固。

权利也有两类：即权力之权和财产之权。关于权力的信念在人类社会究竟占有多大优势，只要看看所有的民族都留恋他们古

* 马穆鲁克是中世纪埃及的一个军事统治阶层的成员。——译者

老的政府，甚至留恋那些带有古老荣誉的姓氏，就可了然。古老总是可以产生权力之感。不论我们对人类可能抱有什么不好的观感，人类看来总是乐于为了维护公义而付出鲜血和财富。确实，初始看来没有什么别的特殊情况比这更能显示人类心灵的巨大矛盾了。当人们按派别行事时，他们热衷于为本党本派服务，易于忽视荣誉和道德的一切约束，做了坏事也不以为耻或感到懊悔。然而，当一个党派若是建立在正义和原则基础之上，就难于找到别的什么人比他们更能坚持公道和正义，比他们更具有坚定的公平正义之感。同是一种人类社会气质，竟是产生、表现如此矛盾现象的根源。

人们都充分了解：关于财产权的信念在政府的一切事务中都甚为重要。一个有名的作家曾经宣称产权是所有政府的基础，而我们大多数政论家在这一点上看来都倾向于信奉他的观点。这可能扯得太远了一点，但必须承认关于财产权的看法对我们目前讨论的这个问题具有重大影响。

因此，所有的政府以及少数人赖以统治多数人的权威都是建立在关于公共利益的看法、关于权力之权的看法和关于财产权的看法基础之上的。确实，还有些别的重要因素，诸如自我利益、恐惧和感情等可以为上述几种信念增添力量，并可确定、限制或改变它们的作用。但可断言，如果没有上述公众信念，其他这些重要因素不能单独起作用，因此它们只能说是次要的而不是首要的政府建基原则。

首先，关于自我利益，这与我们从政府所获得的一般保护不同，我指的是想要获得特殊酬赏的期待。为了产生这种期待，显然必须首先建立行政长官的权威，至少应有建立这种权威的希望。可以从他那里获得酬赏的指望增强了长官对于某些人的权威，但绝不可能扩大他对于人民大众的权威。人们总是期望从自己的朋友和熟人那里获得最大的恩惠，因此国内任何大量数目的人的希冀和期待绝不会集中到任何少数几个特定人物的身上，如果这些人既无行政官职又不能单独对于人们的观感、信念发挥影响的话。同样的意见可以应用到另两种因素，即恐惧和感情因素上。一个暴君如果除了令人畏惧之外，别无什么权威，那么任何人都没有理由怕他发怒，因为作为一个人，他的体力所及不过数步之远。他的一切进一步的权力要不是建立在我们自己的观感信念之上，就是建立在假定的他人的观感信念之上。对君主的才智、德行的爱戴常常传布甚广，影响甚大；然而这必须首先假定他具有为公的品德，否则，公众评论就不会对他有利，他的德行的影响也不会超出狭小的范围。

一个政府可能持续数代，不过权力的对比和财力的对比常不一致。这种情况主要发生在：国内某个阶层获得了巨额财产，但他们在原来的政府结构中并无权势。这个阶层中的人能以什么借口获取公共事务中的权威呢？由于人们大都留恋自己古老的政府，很难期望公众会赞许他们这样篡取权力。但如果原有体制容许一个阶层的人们享有部分权力，即使是很小的权力，而这些人又拥有巨额财产，他们就易于逐步扩大自己的权威。并使权力的对比和财力的对比一致。英国众议院的情况就是如此。

论述英国政府的大多数作者都曾假定：下院既然代表英国所有的平民，他们在天平上的分量应和其所代表的财力与权力成比例。不过这一原则不能认为绝对符合事实。人民虽然易于依恋众议员，胜于依恋政府机构中的任何其他成员，因为众议员是他们作为自己的代表和自由的保护人选出来的;但也有这样的事例,即使在众议院反对国王的时候,人民有时也不追随他们,特别是在威廉国王统治时期保守党占优势的众议院中可以看到这种情况。假如议员们像荷兰的代表们一样必须接受选民们的指令,情况就会完全改变。如果英国全部众议员所拥有的巨大力量和财产都投入政治天平,很难设想王室还能影响人民大众,还能抗拒这种财力对比。事实上,国王对于这个集体成员的选举却可以产生很大影响。这种影响现在仅仅每七年使用一次,如果每次选举都用它来动员人民,它很快就会耗尽,再无什么技巧、名望或收益可以支撑。因此我必须认为:在这一点上进行改革将会导致我们政府的整个改变,使之降为一个纯粹的共和国,甚至降为一个体制不佳的共和国。尽管人民像罗马一些部族那样集合到一块儿完全不适于建立政府,然而当他们分散成小群体时就较易于接受理性和秩序了;时行潮流的影响在很大程度上就破除了;公共利益又可以某些方法执着追求了。不过这是一种绝不会在英国立足的政府形式。这种政府形式看来不是我们当中任何一个党派的追求目标,无须我们多加讨论。让我们尽可能爱护、改进我们古老的政府吧,不要激发人们爱好危险的新奇东西。

四　论政府的起源

人诞生于家庭，但需结成社会，这是由于环境必需，由于天性所致，也是习惯使然。人类这种生物，在其进一步发展时，又从事于建立政治社团，这是为了实施正义。没有这种执行机构，人类社会中不可能有和平，不可能有安全，也不可能进行相互交流。因此我们认为，我们整个庞大的政府机构，其最终目的无非施行正义，或者换句话说，支持那十二审判员*。看来国王和议会、舰队和陆军、宫廷官员、税务官员、大臣和枢密顾问，其最终作用都服从于这部分行政工作的需要。甚至牧师，虽然他们的职责在于灌输道德，但就其与尘世的关系而言，也可恰当地认为，他们的机构也是为了施行正义，除此别无其他有益目的。

人们全都意识到正义是维护安宁和秩序所必需的，人们也都意识到安宁和秩序是维护社会生存所必需的。可是，尽管这种需要强烈而又明显，我们的天性却很脆弱或邪恶！要人们始终忠实、无误地走在正义之路上是不可能的事。可能会发生一些特殊的情况，有些人会从而发现欺骗和劫掠更能增进他们个人的利益，而其不义行为造成的社会损害对他们本人却无多大影响。更经常发生

* 在西方国家，法庭审判时常有十二个陪审员(有时亦称十二教父)，故十二个审判员成了公正和法律的代名词。——译者

的是：人们会由于目前的诱惑（常常不过是非常微不足道的诱惑）而偏离自己巨大而重要的，然而又是长远的利益。这是人性中难于医治的一大弱点。

因此，人们必须设法减缓自己所不能根治的痼疾的发展。他们必须授予一些人以长官的称号，这些人的特定职责就是指明公正的法律，处罚违犯者，纠正欺诈和暴掠，并且迫使人们考虑自己真正的长远的利益。一句话，必须创立"服从"这样一种新的责任，用以支持"正义"这种责任；而公正的维系必须要由对社会效忠的服从来加以巩固。

然而，从抽象的方面进行观察，似可认为：这种结合于事毫无裨益。"服从"这种人为的责任在本质上和那原始的天生的"公正"之责一样，对人的心灵约束甚微。特有的利益和贿礼赂金的诱惑既能压倒前者，也能制胜后者。二者都同等地受到同样的干扰。那些生来就不想做好邻居的人，定会由于同样的动机的导引，成为一个坏公民和不良子民。更不要说行政官吏本人在工作中常有可能疏忽职守，怀有偏见，或是不公正。

不过，经验却证明两种情况之间实际存有重大差别。我们发现，社会秩序由于有政府维持而好多了；而我们对行政长官的责任较之我们对公民的责任更受人性原则的护卫。人们爱好统治之心是如此强烈，许多人不仅甘于忍受管理政府的风险、劳累和忧虑，甚至追求这种风险、劳累和忧虑。而人们一旦提高到这种位置上，虽然易受个人情绪的牵引，偏离正道，但他们总是发现：在一般情况下公正处理诉讼，显然于己有利。最先在这方面表现杰出、受到人民默默或明确赞许的人们必定具有勇敢、坚强、诚实或谨慎等优良品质；这使他们受到大众的尊重和信任。而在政府建立之后，社会对于出身、等级、地位的关注、尊重，对于人们具有重大影响。这增强了行政长官指令的力量。国王或首领反对任何扰乱其社会的动乱。他召集所有的党徒和一切正直的人帮助他拨乱反正，而一切无所偏袒的人也都立即支持他执行职务。他很快就获得酬偿这种服务的权力。随着社会向前发展，他设立下属的大臣，并常设置军事力量。这些人发现支持他的权威可立即获得显见的利益。人性因素未能尽善建立者，习惯迅即加以巩固；而人们一旦习惯于顺从，就绝不再想离开这条道路；他们和其祖先一直在这条路上行走，许多迫切、明显的原因使他们固着在这条路上。

虽然人类事务的这种进程看来是肯定的和不可避免的，虽然忠诚给予正义的支持是建立在显而易见的人性原则上的，但不能期待人们事先就能发现它们或者预见到它们的作用。政府的起源是较为偶然而又不大完善的。很可能一人君临于大众之上的情况最初始于战争状态。在战争中，超人的勇敢和才智最易显现出来。在战争中最需要一致和协同，最易感受到混乱的恶果。持续的战争状态（这在野蛮部落中是常有的事）促使人们惯于顺从酋长。如果酋长既勇敢、谨慎而又公平，那么他就会成为所有争端的仲裁者，甚至在和平时期也是如此。他从而有可能逐步依靠自己的力量和人民的同意建立一己的权威。人民感受到他的权威带来的好处就会珍惜这种权威，至少他们之中安分守己的人和脾性好的人会如此。如果他的儿子也具有同样的好品质，政府就会较快趋于成熟和完善，但仍处于软弱状态，直到进一步的发展进程使得首脑有了固定收入，因而能够给其政府的各个部门以酬偿并给违拗不服者以惩罚。在此之前他的权势每次发挥作用都只能是特定的，只能是以特殊情况为基础的。而在此以后，服从法令在社会大多数人中就不再是可以选择的事，而由最高首领的权威强制执行。

在所有政府内部，始终存在着权威与自由之间的斗争，有时是公开的、有时是隐蔽的。二者之中，从无一方能在争斗中占据绝对上风。在每个政府中，自由都必须作出重大牺牲，然而那限制自由的权威绝不能，而且或许也绝不应在任何体制中成为全面专制，不受控制。苏丹是其臣民生命财产的主宰，但却无权将新税强加于其臣民。法国的君主可以任意征税，但如欲侵犯其臣民个人的生命财产，则将招致危险后果。宗教在大多数国家里也是一种难于对待的因素。还有其他因素或成见也经常抗拒民政长官的一切权威；而民政长官的权力既然是建立在公众信念之上的，它绝不可能推翻别的与他的统治权力同样根深蒂固的信念。一般被称为自由的政府即是允许其中若干成员分享权力的政府；他们的权威联合起来不比任何君主小，通常或许还更大些。但他们在其日常治理程序中，必须同等遵守一般的法律；这些法律，政府所有成员及其臣民事先都是知晓的。在这个意义上，必须承认自由乃是文明社会的尽善化；但仍必须承认权威乃其生存之必需。因此，在二者之间经常发生的争斗中，后者可以博取优先。或者，我们可以说（而且可以颇有理由地说），权威这种为文明社会之生存所必需的事物，必须经常自维生存，较之自由，更需要人们多加维护，少怀嫉妒；自由这一事物仅致力于本身的完善，而人们由于疏懒，或由于无知，常易忽视它。

五　论议会的独立性

许多政论家已将下述主张定为一条格言：在设计任何政府体制和确定该体制中的若干制约、监控机构时，必须把每个成员都设想为无赖之徒，并设想他的一切作为都是为了谋求私利，别无其他目标。我们必须利用这种个人利害来控制他，并使他与公益合作，尽管他本来贪得无厌，野心很大。不这样的话，他们就会说，夸耀任何政府体制的优越性都会成为无益空谈，而且最终会发现我们的自由或财产除了依靠统治者的善心，别无保障，也就是说根本没有什么保障。

因此，必须把每个人都设想为无赖之徒确实是条正确的政治格言。虽然，这同时看来有些令人奇怪：箴言在政治上是真理，在现实中则是谬误。为了解答这个问题，我们可以认为：人们通常在其个人活动中比在社会活动中更为诚实，他们在为党派服务时比处理仅与个人利益有关的事务时可以走得更远。荣誉对人类有很大的制约作用，但当一大群人聚合行事时，这种制约在很大程度上就被排除了，因为一个人如果增进了党派的共同利益，肯定会得到该党的赞许，而他自己很快就会不在乎反对者的喧嚷。对此我们还可以补充一点：每个议会或议院的事都是由多数人发言决定的；因此，尽管只有多数人受到自我利益的影响（情况经常如是），但整个议院便会受这种利益的诱引，办起事来便好像院中没有一个成员是关心公益和自由的。

因此，当有人提出任何政府设计方案，不论是真实的还是虚构的方案，供我们审查，而其中权力分由几个机构和几个等级的人们所掌握，我们就应当经常考虑各个机构、各个等级的利益。如果我们发现通过巧妙的分权，在执行时这种利益必然和公共利益协调一致，那么就可以宣布这种政府组织是明智的可喜的。如果情况与此相反，各机构各等级的各自利益不受制约，不是朝着为公的方向，对于这种政府我们所能期望的只有分裂、混乱和暴虐。我的这个看法既为经验所证实，也为古今所有哲学家和政治家的权威所肯定。

因此，如果有人告诉西塞罗和塔西佗这样的天才人物：将来会产生一种极其正规的混合政府体制，其中权力的分配方式使得一个等级不论何时就能任意吞并其他所有等级，并囊括整个结构的权力，他们一定会非常惊讶。他们会说：这样的政府不会成为一个混合的政府。因为人们天生野心很大，他们的权欲永远不能满足；如果一个阶层的人在追求自己的利益时能够掠夺其他一切阶层，他们肯定就会这么干，并使自己尽可能地专断一切，不受制约。

不过，经验表明，在这一点上，他们的看法是错误的。因为英国体制的真实情况即是这样的。我们的体制分配给下议院的那份权力很大，使它可以绝对控制政府的其他一切部门。国王的立法权显然对它起不了正常的制约作用。因为国王虽然有权不公布法律，但这种权柄事实上作用很小。两院表决通过的一切，总是可以成为法令，王室的同意不过形式而已。国王的力量主要在于行政权，但在每个政府中行政权总是从属于立法。除此之外，我说，执行这种权力还需要巨大的费用，而下议院业已独享批款之权。因此，如果下议院要从国王那里一个又一个地夺取他所有的权力，真是太容易了；他们只要在每次批拨经费时提出附加条件，并且选定恰当时机，使得拒绝批拨款项只能使政府为难而又不会让外部势力压倒我们不就行了吗？如果下议院同样依赖国王，而有些议员除了国王的赐予之外别无财产，国王难道不也能控制他们的一切决议而从此成为专制者吗？至于上议院，他们是王权的有力支柱，在他们反过来受到王权支持时，他们一直是如此。经验和理性都表明：没有这种相互支持，他们彼此都无足够力量或权威单独存在下去。

那么，我们如何解决这一矛盾呢？既然根据我们的宪制，下院必须尽可能具有它所要求的一切权力，而且只能由它自己限制自己，那么我们用什么方法将体制的这一部分限制在恰当限度之内呢？这怎样能和我们所体验的人性协调一致呢？我的回答是：在这里团体的利益要受个人利益的约束，下议院不再扩大它的权力，是因为这种垄断违背其多数成员的利益。国王手中握有许多可以授予的职位，在该院那些诚实无私的成员的协助之下，总是能够控制整个议院的决定，至少可以做到保存古老的政治体制，使之不受危害。我们可以任意称呼这种影响，可以授之以腐蚀和依赖等难听之名。但这在某种程度上和在某些方面是与宪制的性质分不开的，是保存我们混合政府所必需的。

民权党最好不要绝对地断言[①]：议会的依赖性，不论其程度如何，都会损害英国的自由。他们应当对于自己的对手作出一些让

① 见《论党》。——作者

步，并且只考察这种依赖性的恰当限度何在，因为超出这种限度就会危及自由。但不能期待任何党派的人都能这样节制。在作出这种性质的退让之后，一切慷慨激昂的高调就必须放弃了；而冷静探索宫廷影响和议会依赖性的恰当限度是读者所期待的。在这样的争论中，民权党虽有可能处于有利地位，但他们也很难像自己所希望的那样大获全胜。而且一个真正的爱国者也不会完全头脑发热；他害怕过分贬抑国王的作用[①]会将事情推向相反的极端。因此，人们认为最好不要使这种极端情况能够危及宪制，或者最好不要使国王对议会议员的影响太小。

凡是涉及两个极端之间的恰当中介的所有问题都是难于解决的。这有两个原因，一是因为不易找到恰当词语来确切表述这种中介，再就是因为在这样的情况下，好和坏逐步互相渗透，甚至可使我们心情疑惑不定。不过现在这件事情上还存在一种特殊的困难，使得最有见识和最为公正的考察者也感为难。王权经常握在单独一人手中，不是在国王手中便是在大臣手中。由于此人的雄心、能力、勇气、声望或财产大小多少不一，这种权力在这人手中可能太大，而在另一人手中可能又太小。在纯粹的共和国中，权力分散在几个议会或议院中，制约和监控的机构能更为正常地发挥作

---

① 此处所说的国王的作用，我是为之辩护的，我仅仅指出这种作用的产生是国王可以自由处理职务和荣誉。至于私人贿赂，则可以与雇请密探一事同样看待；雇请密探这类事对于一个好的内阁大臣来说是很难为之辩解的，对于一个坏的内阁大臣来说更是臭名远扬的事。而为任何大臣当密探或被腐蚀则都是丢脸的事。人们认为这是无耻出卖节操。波利比阿却公正地估价了罗马元老院和监察官的金钱影响，认为它是保持政府平衡的正常的和符合根本体制的砝码（波利比阿：《历史》，卷六，第十五章）。——作者

用;因为这些议院人数众多,可以假定他们的议员在能力和品德上总是差不多相等的,需要考虑的不过是他们的人数、财富和权势而已。但一个有限的君主国却不享有这种稳定性,也不可能授予国王以确定之权限,使之不论在何人之手均能形成与该体制其他部分的恰当平衡。这是伴随这类具有很多优点的政体的一个不可避免的缺点。

六　英国政体究竟更倾向于君主专制，还是更倾向于民主共和制？

没有一个谨慎的人，不论如何相信自己的理论，竟敢于对任何事件作出预测，或敢于预告任何事情的遥远后果，因为这样做是对于几乎所有科学的一种极端偏见。一个医生不会冒失地宣布他的病人半月或一月之后的情况，而一个政治家则更不敢预言几年后公共事务的发展。哈林顿*十分相信自己的普遍原理："权势的对比决定于财产的对比"，竟而贸然宣称绝不可能在英国重建君主政体。可是他的书刚刚出版，国王就复位了；而且我们看到这种君主政体从那时以来一直在这块土地上持续存在，和从前一样。尽管有这个不幸的事例，我还是要冒险考查一下一个重要问题，即英国政体究竟更倾同于君主专制，还是更倾向于民主共和制？在这两类政体中，最后它将以何者告终？现在看来在这两个方面都没有出现突然变革的严重危险，因此，假若我分析错了，至少可以避免迅遭别人说我大胆妄言之羞。

那些断言我们政体的力量对比倾向于君主专制的人，可能会

---

* 哈林顿（1611—1677），英国政治理论家，著有《大洋国》一书，是他的乌托邦共和国的蓝图，以私有财产为基础，由贤人领导。——译者

以下列理由支持他们的意见：虽然财产对于权力具有重大影响是不能否定的，但一种力量对比决定于另一种力量对比这种通用的格言在实用时仍需加以若干限制。握于一个人手中比较起来少得多的财产显然可与握于几个人手中较多的资产抗衡。这不仅是由于人多而难于统一意见、采取一致的措施，而且也由于同样多的资产聚合起来较之分散时可使更多的人依赖于它。一百个各有年收入一千英镑的人常能耗尽他们的全部收入，除了他们的仆役和有往来的商人之外，无人因之获益。而仆役和商人却有理由认为他们所获利益是自己劳动的收获。但一个年收入十万英镑的人，如果他较为慷慨，较为狡诈，就可以使许多人有义务依附于他，并使更多的人由于期待恩赐而追随他。由是我们可以看到，在所有自由的政体中，一个拥有大量资产的人总是引起嫉妒，尽管他的财富与国家财富不能相比。克拉苏*的财富，如果我记得清楚的话，总额仅相当于我们现在的两百五十万英镑。虽然他的才智并不出众，却能单独依靠自己的财富终生与庞培和后来成为当时世界主人的恺撒相抗衡。还有梅迪奇家族，他们的资财使他们成为佛罗伦萨的主人，虽然他们的财富与那个富裕的共和国的集体财富比较，很可能并不可观。

这些想法易于使人对英国人热爱自由和坚持自由的精神产生崇高敬意，因为我们在这么多世纪中竟能抗衡国君，维持我们自由的政体：而国君除了君主的权势、尊严和威仪，还比英联邦任何国

* 克拉苏（公元前115—前53），古罗马统帅和执政官，早年追随苏拉，乘机致富，后与恺撒、庞培结成前三头政治联盟，控制当时的罗马政府。——译者

家中的任何臣民拥有多得多的资产。但也可以说,这种精神不论多么伟大,绝不能坚持对抗国王现在拥有的而且还在不断增长的巨大财富。根据比较谨慎的估算,我们的王室一年有近三百万英镑的收入可供使用,其中包括规定的经费约近一百万,征集的全部税收一百万,在陆海军中服务一百万,加上教士提升的收入,总共要超过三百万。这是一笔巨款,算起来完全可能超过王国整个收入和劳动者收入的三十分之一。如果再给这笔巨大的资产加上我们国家的日益奢侈,我们的易受腐蚀,以及国王的巨大权势和特权,他对武装部队的控制,这一切加起来,必然会使人们感到丧气,认为在这些不利条件之下,如不采取非常措施,根本没有希望长久维持我们的自由政体。

另一方面,那些坚持认为英国政体倾向于民主共和制的人可以用一些似是而非的论据支持他们的意见。他们可以说:国王的这种巨大财富和首领的尊严以及许多其他法定的权力和特权结合在一起,自然会增大他的影响,但正由于这个原因,它实际上对于自由也就变得不那么危险了。假若英国是个共和国,任何私人如若拥有王室三分之一,甚或只有十分之一那么多的收益,就会理所当然地引起人们的嫉妒;因为他可以在政府里稳稳获得很大的权势。而这样一种不正常的、不为法律所承认的权力较之法律授予的更大权力还要危险。一个人拥有篡得的权力之后,更会贪得无厌;他的党徒自然希望从他获得一切恩赐;而他的敌人的激烈反对则使他恐惧,从而会更激发他的野心。由于整个政府陷于混乱,国中一切腐败分子自然集合到他身边。与此相反,法定的权力,即使很大,总是有限度的。这就限制了享权之人的希冀和奢望。法律必然会提供限制滥用权力的补救办法。如是，尊贵的首脑对于进一步篡夺权力可惧者甚多，而可希冀者甚少。而且由于他的法定权力已经平静地为人民所服从，很少还有什么可以诱惑他，也很少有机会给他进一步扩大这种权力。此外，推行野心勃勃的目标和计划时，还可能发生创立新的哲学与宗教派别时所遇到的情况。一个新的派别常常引起骚乱，它既受到激烈的反对又受到热烈的保护，总是发展得更快，信徒成倍增加，发展速度大大超过业已建立并为法律和悠久岁月肯定、赞许了的旧派别。人类嗜奇，天性如此。任何讨人喜欢的事物，如果是新的，就会变得加倍可喜；但如果它令人不快，由于同样的原因，又会显得加倍讨厌。同时，在大多数情况下。敌人的猛烈反对，有利于推行野心勃勃的计划，自己一方党徒的狂热支持也是一样。

可以进一步说：人们虽然受利害关系的控制，然而甚至利害关系本身以及人类的一切事务却又完全受控于信念。近五十年以来，由于学识和自由的增长与进展，信念已发生突飞猛进的明显变化，这个岛国的大多数人已经摆脱了对于名人和权威的一切迷信般的崇敬。教会也已大大丧失声望；他们的教义被人嘲弄，宗教在世上甚至难以自力维持存在。国王这个独一无二的称号很少受人尊重，把国王说成是上帝在世上的代理人，或者将那些曾令世人眩晕的崇高称谓奉献给他，徒然引起众人哄笑。虽然，在平静时期，国王可以利用其巨大收益维持其对臣民私人利益和影响的权威，然而只要有些小小动乱，就必然会摧毁这一切权益，而国王的权力既已不再受到人们的信念和固定原则的支持，就会立即瓦解。假若人们像现在一样，心情倾向革命，君主制就大有从这个岛国上完全消失的危险。

如果我敢于就这两种对立的论点发表自己的感触，我将断言：除非发生异常动乱，国王由于拥有巨大收益可供利用，他的权势可说正在增大。不过同时我得承认这种进程非常缓慢，几乎难于察觉。长期以来以某种势头涌向民众政体一边的潮流，正在开始转向君主制。

众所周知：每种政体均有终结之时，不论对于政治结构还是对于动物躯体来说，死亡都是不可避免之事。不过既然一种死亡可能比另一种死亡较为可取，我们似可探索一下，英国的政体究竟以民众政体告终为佳，还是以君主专制政体告终为佳？在此，我愿坦率宣称：几乎在所有情况下，虽然自由均较奴役可取，我却宁愿看到这个岛上存在一个君主专制政体而不是存在一个共和政体。我们不妨考虑一下自己究竟期望何种共和政体，理由何在？这个问题涉及的不是坐在斗室中设计的一种美好的想象出来的共和政体。毫无疑问，一种民众的政体想象出来会比君主专制政体更为完善，甚至比我们现有的体制更为完美。但是我们有什么理由期望这样一种政体会在我们英国原有君主制瓦解的基础上建立起来呢？假若任何个人竟能获得足够的权力来粉碎我们现有的体制并建立一种新的政体，他实际上已是一个专制君主了。我们已经有过这种前车之鉴，它足以使我们相信，这样的人绝不会放弃他的权力，或建立任何一种自由的政体。因此，必须听任事情自然发展和运转，而下议院根据现行体制必然会是这样一种民众政体的唯一立法机构。伴随这种情况而来的不便之处不可胜数。在这种情况下，假若下议院居然自行解散（这是不会发生的事），可能每次选举都会发生内战；假若下院继续存在下去，我们就会要遭受派别从

生、残酷争斗的一切暴虐。由于这样激烈倾轧的政体不能维持长久，我们将在经历许多动乱和内战之后最终在君主专制政体中获得安息。既然如此，一开始就和平建立这种君主专制政体对于我们岂不更为可喜。因此，对于英国体制来说，死于君主专制政体最为舒适，这是真正的无痛死亡。

这样看来，如果由于当前迫近的危险来自君主制，我们有理由对它更为戒备，我们同时也有理由提防建立民众政府，因为那种危险更为可怕。这种情况可以教育我们在一切政治争论中保持审慎。

七 概论党派

在所有杰出的留有难忘成就的人物中，首要荣誉看来应属于立法者和国家的缔造者，因为他们为保障后代的安宁、幸福和自由，留下了法律制度和政治体制，技艺和科学上的有益发明较之明智的法律影响或许更为深远，因为法律的作用受到时间和地域的限制。但前者造福于人不如后者那样易于察觉。理论科学确能提高智能，但这种好处仅及于少数有闲钻研它们的人。至于那些实用技艺，它们确能增加商品，提高生活享受。不过，大家知道，人们的幸福与其说在于这些物品的丰裕，不如说在于能否在安宁和安全中享有这些物品；而安宁和安全只能来自于好的政体。更不必说一个国家的公众幸福所必需的社会道德和良好风气绝不可能来自于最美好的哲理箴言，甚至也不能来自于最严格的宗教戒律；它必然只能来自对青年的道德教育，来自于明智的法律和政治体制。因此，在这个具体问题上我必须肯定自己与培根爵士有不同看法，我不能不认为古人颁授荣誉有些不公，他们将所有的有益的发明者（诸如西里斯*、贝克士**和艾斯库累普***）都封为神，而对于一些立法者，诸如罗米拉斯****和提修斯*****，却

* 西里斯，罗马神话中的农神。——译者

** 贝克士，希腊和罗马神话中的酒神。——译者

*** 艾斯库累普，罗马神话中的医神。——译者

**** 罗米拉斯，传说是古罗马建国者。——译者

***** 提修斯，希腊神话中的雅典英雄国王。——译者

只授予半神和英雄的尊称。

正如立法者和国家缔造者应当在人们中间享有荣誉并受到崇敬一样，派别的创建者却应受到蔑视和憎恨，因为派别的作用恰和法律相反。派别损害政体，瘫痪法律，在同一民族的人们中间造成强烈的敌意，而同一民族的人本来是应当互相帮助、互相保护的。更为令人憎恨的是，这些党派创始人所种下的野草一旦在任何国家生根，就极难铲除。它们自然繁殖并延续许多世代之久，总是要到它所植根的政体整个垮台方告终结。这种野草在最肥沃的土壤中生长最茂盛，即使专制政体也不能摆脱它们。但必须承认，在自由政体中它们最易生长，繁殖最快，而且常常侵染立法机构本身，而要铲除它们却又只有立法机构坚决反对，赏罚兼施，才能奏效。

派别可以分为情缘派别和实在派别，即分成建立在个人亲疏恩怨上的派别，包括那些形成敌对的党派，以及建立在某些实在的意见或利益分歧上的派别。作出这种区分的理由是明显的，不过我必须承认政党很少是纯而不杂的，它并不是要么属于这一种，要么属于另一种。一个政府分成一些派别，而其成员的观点并无分歧，不论是实质上的或表面上的，琐细的或是重大的分歧均没有，这是不常见的事。另一方面，在那些建立在极为实际、极为重大分歧之上的派别中，常常可以看到夹有私人的敌意或好感。尽管有这种混杂情况，一个党派还是可以或者称之为情缘派或者称之为实在派的，这就要看哪项原则在该党占据优势，影响最大。

在小共和国中，情缘派最易产生。在那里每项家庭争吵都可成为邦国事务。爱情、虚荣、竞赛，任何感情以及野心、憎恨，都可引起公众纷争。佛罗伦萨的内里和比安基、热那亚的弗雷戈西和阿多尔尼以及现代罗马的科洛内西和奥尔西尼，均属这种党派。

人们分成情缘派的倾向甚为强烈，只要出现一点极微小的实际分歧就可产生这种派别。你能想象还有什么比赛马会上服装颜色的分歧更为琐细的问题吗？可就是这种分歧导致在希腊产生了两个不共戴天的派别，即普拉西尼和文梯。他们斗个不停，直到那个倒霉的政府被他们斗垮为止。

我们在罗马史中也发现（波利亚和帕皮里亚）两个帮派之间激烈的冲突，这种冲突竟然持续近三百年之久，而且在每次选举行政首脑时都更为激烈[①]。这种派别之争分外值得注意，因为它居然延续了这么久的时间；尽管它并未扩大，也未吸引其他帮派参与这种争执。假若人类不是天生强烈倾向于分成派系，社会上其他人的冷漠对待定然久已抑压了这种愚蠢的敌对。这种敌对如果无人火上加油，增添什么新的利害冲突和新的创伤，无人同情和反对，自会消失。可惜当整个国家分裂成两个势均力敌的派别时，这一切却是必然会发生的。

① 文物工作者或政治家对这个事实没有给予足够的注意。我把罗马历史学家谈到的这一点转抄如下：图斯库鲁姆人带着妻儿来到罗马。这群人换了衣服，装扮成参加诉讼的人，以乞求援助的姿态，按民族和部落行动。因为，更多的是为了引起怜悯，获得宽恕，不是为了犯罪而制造麻烦。所有的部落，除开波利亚部落，都没有通过新的法律。波利亚部落的决议是：成年人鞭打致死，妇女和儿童按照战争惯例收为奴隶。众所周知，在老一辈人中，关于对待图斯库鲁姆人采取如此残酷行动的主谋者记忆犹新。波利亚部落中几乎没有人在与帕皮里亚部落的竞选中没有出场竞选（李维：《罗马史》，卷八）。威尼斯也有两个民众派别：卡斯特兰尼和尼柯洛梯。他们经常互相争斗，一会儿又放下他们的争吵。——作者

最常见到的是：有些党派开始产生是由于存在实际分歧，但当这种分歧业已消失，这些党派却仍继续存在。人们一旦分别归属于敌对派别，他们就对与自己联合的人们产生感情，并对敌方怀有敌意。这种情绪常常传给他们的后代。意大利的圭尔夫和吉伯林这两个对立的派别还未消亡，他们之间的实际分歧早就消失了。圭尔夫派追随教皇，吉伯林派则追随皇帝。然而斯福查家族虽然属于圭尔夫派，却与皇帝联合，因为他们被法国国王路易十二逐到米兰，法国国王得到雅可姆·特里武尔齐欧和吉伯林派的帮助，而教皇却支持后者，故后者与教皇联合反对皇帝。

几年前在摩洛哥白人与黑人之间发生内战仅仅是由于他们的肤色不同。这是一种可笑的分歧，我们嘲笑他们。可是如果确切考察一下，我相信我们自己比摩尔人更为可笑。在世界上有礼貌、有知识的这一部分地区经常发生宗教战争，这一切究竟有何意义？它们肯定比摩尔人的内战更为荒唐。肤色是可以察觉的并且是确实不同的，但人们关于一篇不可解的宗教论文的争论并不涉及感情上的对立，而不过是对于一些字句和短语看法不同；有些派别接受这些短语而实不知所谓，有些派别则以同样盲目的方式拒绝接受它们。

实在派又可分为利害派，原则派和感情派。在所有的派别中，第一种最易理解、最可谅解。当两个等级的人们，例如贵族和平民，在政体中享有性质不同的权力，又不完全平衡，且无确定模式，他们自然会各自追随不同的利益。考虑到自私之心在人类天性中根深蒂固，立法者需要极大的技巧才能防止产生这样的党派。许多哲学家认为，这种解决问题的秘方，像万应灵药和永恒运动一样，在理论上足以误人，却绝不能付诸实践。在专制政体中，确实常常看不到什么派别，但它们并非不存在，毋宁说就是由于这个原因，它们的存在更为实在、更为有害。各个不同等级的人们，贵族和平民，士兵和商人，均各有其不同的利益，不过强者常能压迫弱者而不受惩罚，不遇抵抗，这样，就在这样的政体中造成一种表面上的安宁现象。

在英国，人们曾经试图区分地主和商人，但未成功。这两部分人的利益实际上不能截然分开，而且永远不能分开，直至我们的公共债务增长到十分沉重令人完全无法忍受。

从原则分歧产生的，特别是从一些抽象理论原则分歧产生的党派，只有现代才有，这或许是人类事务中迄今为止出现的最奇特最难说明的现象。不同的原则常常招致对立的行动，所有不同的政治原则均有这种情况，这是较易解释的。一个认为政府的实权应由这一人或这一家族掌握的人，很难和那些认为政权应由另一人或另一家族掌握的人取得一致意见。每人自然都希望政权能按照自己的想法归属于人。然而有时原则分歧并不引起对立行为，每人都自行其是而不理睬自己的邻居，在一切宗教分歧中均有此种现象；这要何等疯狂何等愤怒才能产生这种不幸的和致命的分裂？

两个人同在一条大路上行走，一人向东，另一人向西，如果道路够宽的话，两人可以顺利走过对方。但两个对宗教原则抱有对立看法的人就不会这样轻易走过而不互相冲击；尽管应当认为，在这种情况下，道路仍然是够宽的，每人都可不受阻碍地赶自己的路。可是人们总是想要掌握每个走近自己的人的心灵，人心天性如此！而且，正如观点一致可以很好地维护心境的宁静，任何看法上的对立却总是引起震惊和烦扰。这就是为什么大多数人争论时表现热切，这就是为什么他们对反对的意见感到不快，即使是纯理论性的和最无关紧要的对立意见也难容忍。

这一因素，不管看来何等微不足道，似乎却是所有宗教战争和宗教分裂的根源。由于它是人皆有之的天性，如果它不是同其他较为偶然的原因一致的话，它的作用必然不会局限于一个时代，不会局限于建立一个教派。这些因素促使情绪更为激昂高涨，造成极大的苦难和破坏。古代世界的宗教大多是在不为我们知晓的政体时代产生的。当时人们还处于野蛮和未开化状态，国王和农民都乐于接受并绝对相信提供给他的每个虔信神明的故事。行政首脑信奉平民的宗教，热忱照管祭祀典礼，因而在民众中自然树立了权威，并将神权和政权结合起来。不过当基督教兴起时，那些直接与之对立的宗教信仰在当时世界的文明部分仍然根深蒂固。它们鄙视产生这种宗教的民族。在这种情况下，无怪乎行政长官对基督教冷眼相看，允许僧侣们去并管这个新的教派的权力。因此，甚至在这样早的历史时期，这些僧侣就大肆滥用这种权力，原始的宗教迫害或许可以部分地[①]归咎于他们对其信徒所灌输的凶残意识。

① 我说部分地，是因为如果认为古代人像现在的英国人和荷兰人那样富于宽容精神，那就大错特错了。罗马人早在十二表法时期就制定了反对外来迷信的法律。犹太人和基督教徒有时受到他们的惩罚。不过总的说来，这些法律执行得并不严格。罗马人征服高卢之后立刻禁止任何人信奉得鲁伊特*的宗教，只有当地土人除外。这是一种迫害。大约一个世纪之后，克劳狄乌斯皇帝制定严厉刑法完全禁止这种迷信。幸而高卢人由于模仿罗马生活方式已经摆脱了原来信奉的古老宗教，否则必然会发生一场非常残酷的迫害（苏埃托尼乌斯：《克劳狄乌斯的一生》）。普林尼却将禁绝得鲁伊特宗教一事归功于提贝里乌斯，很可能是由于提贝里乌斯曾经采取某些限制它们的措施（卷三十，章一）。罗马人处理这些问题通常总是较为谨慎和有节制的，此即例证之一。这与他们后来以激烈和血腥手段对付基督教徒大不相同。我们从而可以设想罗马人对于基督教的疯狂迫害在某种程度上是由于这个教派最初的传教者过于狂热和偏执。教会史提供了很多理由证实这种猜想有理。——作者

*凯尔特人对祭司的称呼。——译者

在基督教已经稳固建立之后，适于教士政府的同样原则继续传了下来，产生了一种迫害之风，自从那时以来一直毒害着人类社会，成为每个政府中产生不共戴天的派别的根源。这种分裂，在民众方面来说，可以恰当地称之为原则派；但在教士方面来说（他们是主要煽动者），实际上是利害派。

除了教士的权威以及教会与政权分离的原因，还有另一个原因使得基督教国家成为宗教战争和宗教分裂的场所。在完全无知和野蛮的时代产生的宗教，大都由传说和虚构的故事构成。这些故事在各个教派中互不相同，但并不对立；即使互相矛盾，每个教派各信自己的传说，并不多予评理和争论。但当基督教兴起时，哲学已在世界上广泛流传，这个新教派的传教师必须构成一套理论体系，以某种准确性区分他们的信条，并以论辩和科学的全部精密性进行解释、评论、驳斥和保护。因此当基督教分裂成一些派别和异端时，论辩自然尖锐起来。在古代世界，哲学流派的狂热往往胜过宗教教派。但在现代，宗教教派较之有史以来最残酷的基于利害和野心的派别，更为疯狂、更为狂暴。

我已将感情派列为实在派的一种。除此之外，实在派还有利害派和原则派。所谓感情派，我理解即那些建立在对某一特定人物或家族所抱有的不同感情之上的党派，他们希望这些人成为统治者。这些党派往往非常猖獗，不过我必须承认，这种情况看来难以解释。人们居然如此强烈地忠于一些他们并不熟识，或许从未见过、从未受过其恩惠也永无希望从其获得任何恩惠的人。然而我们发现实际情况常常如此，甚至那些在别的场合并不表现慷慨，也不易为了友谊而不顾及个人利益的人，亦复如此。我们易于认为自己和君主之间的关系甚为亲密。国君威仪和权势的显赫光辉甚至可给个人的命运增添些重要性。如果一个人的善性不给他以这种想象的利益;他的恶性,他对那些和自己观点不同的人们所抱有的憎恨和对立情绪,也会给他以同样的感触。

八　谈谈英国的政党

假若将英国政府提出作为思考题目，我们立刻会察觉到在这种体制中存在着分裂和结党的根源，这种现象不论在哪届政府治理之下都难以避免。我们政体中共和制和君主制这两个部分之间的恰当平衡，实际上本身即是极难处理和极不稳定的，加上人们各怀激情和成见，势必对它产生不同看法，即使在最为理解的人们中也是如此。那些生性温和，喜爱安宁和秩序、憎恨暴乱和内战的人，较之那些大胆、豪爽、热爱自由、认为压制和奴役是莫大罪恶的人，总是更为赞赏君主制。虽然一切明智之士总的说来均同意保持我们的混合政府，然而在遇到具体问题时，有些人倾向于授予国王以更大权力，让他发挥更大作用，甚少注意要防范他越权妄为；而另一些人则惊惶不安，担心在遥远的将来可能产生君主暴虐和极权统治。这就是这些原则性政党接触到我们政体的根本性质问题时的态度，它们可以恰当地称呼为宫廷党和民权党。这些党的力量和狂热主要决定于当时特殊的治理情况。有一种治理得很坏，将大多数人推到对立的方面；而一种好的治理则使许多最热爱自由的人亦愿与王室和解。但是不论国家如何波动于这二者之间，只要我国仍由有限君主制治理，这些党派终将继续存在下去。

不过，除了原则上的分歧之外，这些党派还深受不同利害关系的影响，没有这种利害矛盾，它们绝不会成为危险的或狂暴的党。

对于其所宣布的原则(不管是真诚的还是虚假的)最有利于君主政府的人,国王自然会宠信和重任他们。这种诱惑自然又会促使这些人较其原有的原则走得更远。而他们的敌手由于野心受挫,却投入另一极为忌恨王权的党派,并使这种反对国王的情绪高涨,超过正常政治允许的范围。宫廷党和民权党是英国政体的现实产物,他们是一种混合性的党派,同时受原则分歧和利害关系的影响。这些派别的头头通常最受后者支配,而其下级成员则最受前者支配。

在像英国这样的政治体制下,英国国教各级教会,在通常情况下,总是属于宫廷党的。与此相反,一切不信奉国教的各类人士则属于民权党,因为他们除了依靠我们的自由政体外,绝无希望获得他们所需的信仰自由。所有旨在夺取专制权力的王子都了解争取国教支持的重要。同时,教会本身也甚易获得这些王子们的注意①。古斯塔夫斯·瓦萨*也许是唯一的既抑制了教会又压制了自由的具有野心的国王。不过当时瑞典的主教们权力过大,甚至超过了国王本人,他们还亲附于外国王族,这是促使这位国王采取这套不寻常的政策的原因。

教士们倾向于个人掌权的政府,这种看法不只是适用于个别教派。荷兰的长老会派和加尔文教派是奥林奇王族的公开盟友;

① 犹太人独立地为自己处置了国王。那些因为群众的变幻无常而遭放逐的人,在重操权柄之后,便仰仗自家人组成的武装行事。随之而来的是公民逃散,城市被毁,男女老幼遭屠戮,以及其他君主们惯于采取的行动。国王们鼓励迷信。因为通常认为,尊重祭司是权力的支柱(塔西佗:《历史》,第五章)。——作者

* 古斯塔夫斯·瓦萨(1496—1560),瑞典国王,在位期间1523—1560。——译者

而被认为是异端的阿米尼安斯派*则属于洛夫斯坦恩党，狂热地拥护自由。如果二者可由国王任意选择的话，易于看出他宁愿要主教制式的政府，这既由于君主制和主教制更为相近，也由于在这种政府体制中便于利用高级教士治理整个教会[①]。

假若我们考察一下大叛乱时期英国初次出现党派的情况，就可以看到它符合上述一般原理，看到各种类型的政体必然经常导致产生各种党派。在那个时期以前，英国的政治体制处于混乱状态，但臣民仍然享有许多难得的权利。这些权利虽然未经法律确切规定，不受法律保障，但由于享之已久，已被普遍认为是属于他们的天赋权利。一个具有野心的国王或者不如说领导错误的国王认为这些权利是他的先人割让与人的，可以任意废除。为了执行这一主张，他连年公开侵犯自由。最后，山穷水尽，逼使他不得不召开议会。自由的精神从而兴起，自行传播。国王由于得不到任何支持，被迫同意议会的每一要求；而他的敌人，出于忌恨，不愿和解，提出的要求漫无限制。这样就开始了那场争斗。当时人们分成不同的派别是不足为奇的，因为，即使在今天，公正的人仍然无法确定这场争论的是非。议会的要求，如果予以同意，就会破坏体制的平衡，从而使政体几乎变成完全共和的政体。如果不予同意，国家则仍处于专制政权的危险之中，因为国王方针既定，习性难改，这在他每次被迫向人民作出让步时都明显表露出来了。在这

---

* 阿米尼安斯教派信奉阿米尼乌斯教义，强调人的自由意义，反对加尔文的宿命论。——译者

① 民众的权力与自由相伴：少数人的统治更加适应于王者的胡作非为(塔西佗：《编年史》，第六章)。——作者

场如此微妙难定的争论中，人们自然倒向最符合他们通常主见的一方。于是对君主制更为热诚赞同的人宣布拥护国王，热烈支持自由的人则站到议会一边。双方获胜的机会几乎相等，利害关系在这场斗争中影响不大。因此圆颅党和骑士党都只是原则性党派。他们没有一个否定君主制或自由，但前者最倾向于我们政体的共和制部分，而后者则最倾向于君主制部分。从这方面来看，他们可以说是宫廷党和民权党，由于各种情况的不幸凑合，由于当时狂热的时代精神的煽动，燃起了一场内战。双方都有共和派的人和专制政权的拥护者，而且他们在两派中都不过是无足轻重的一部分。

教会赞同国王的专制方案，而国王则允许教会迫害他们称之为异端和分裂派的对手。英国国教是由主教治理的，不信奉国教的新教徒则属长老派，因而当时的一切情况促使前者无保留地投入王党，而后者则投入议会党。

人人都知道这场斗争的结局，开始国王受到致命打击，后来议会受到严重挫折。经过多次动乱和革命，最后王室复辟，古老的政府重新建立。查理二世没有吸取其父前车之鉴而变得明智一些，又采取了同样的措施，不过开始时还较为隐秘和谨慎。新的党派接踵而起，名叫辉格党和托利党，一直延续到今，不断扰乱和分裂我们的政府。要确定这些党派的性质或许是我们可能遇到的最难解决的问题之一；它证明历史也可能和最抽象的科学一样包含一些不可捉摸的问题。我们已经看到两党在七十年之久的时间中和在当权、失败、和平和战争时多种不同情况下的所作所为。人们宣布自己属于这一党或另一党。这些人我们在公司中、在游乐时、在严肃的工作中随时都可遇到。我们自己也被迫以某种方式参加党派。我们生活在一个最自由的国度里，可以公开发表自己的意见和主张。然而我们却说不清这些不同派别的性质、要求和主张究竟如何。

试将辉格党和托利党与圆颅党和骑士党比较，他们之间最明显的分歧在于唯命是从和君权不能废除这两条原则。这些原则骑士党人很少听说过，但却已成为托利党人普遍信奉的主义，并被认为是他们的真实特点。他们这些主张假如彰明较著地推行，最终将意味着放弃我们的一切自由，并承认君主专制；因为他们认为没有什么比有限权力更为荒谬，君权即使超越了限度，都不许反抗。不过，即使是最有道理的原则也常常难以与人们的激情抗衡，无怪乎这些荒谬的原则无力产生上述效果。托利党徒作为人，是反对压迫的；作为英国人，他们也反对君主专制权力。他们对自由的热情也许不如其对方强烈，但当他们眼见古老的政府受到公开颠覆的危险，这仍足以使他们忘记自己的一般原则。从这些情绪中产生了当时的革命，这是一件意义至为重大的事件，它是英国自由的最坚实的基础。托利党人在这次事件当中及其以后的作为可以为我们深入了解该党性质提供真正的启示。

一，他们看来具有不列颠人的真正感情：热爱自由，下定决心坚决不为任何抽象原则或任何国王的假定权力牺牲这种感情。在这次革命之前，他们性格的这一部分受到人们怀疑是不无道理的，因为他们宣布的原则具有明显的倾向性，事事依从毫不隐讳自己专政方案的宫廷。革命表明，在这方面，他们不过是个真正的宫廷党人，在英国政府中常可见到的那种宫廷党人，亦即爱自由但更爱君主制的人。不过，必须承认，在实践中他们推行君主制的原则走得更远，而在理论上则更为激进，在任何程度上都与有限权力的政体不相一致了。

二，不论是他们的原则或感情都与革命中所作出的决定，或与那时以来发生的情况不相一致。他们这部分特点看来似与前者相抵触。因为任何其他决定在国家当时的情况下，对于自由而言，如果不是致命的，也必然很可能是危险的。不过人类的心灵天生能够调和矛盾，而且这个矛盾并不大于唯命是从和革命反抗之间的矛盾。因此，自那次革命以后，可以用以下的话给托利党人下个定义：热爱君主制，尽管不放弃自由，却是拥护斯图亚特王室的人。而辉格党人则可定义为：热爱自由，虽不废弃君主制，却是支持清教徒决定的人。

这些对于王位解决办法的不同观点，是带有偶然性的，但它们却是宫廷党和民权党原则的自然延伸。这两个党是英国政体中真正的分裂。狂热拥护君主制的人对于任何过多带有共和制气味的政体变革都易于感到不快，而热爱自由的人则易于认为政体的每一部分都应服从自由的利益。

有些不敢断言辉格党和托利党的实际差别在大革命时期即已消失的人，看来倾向于认为这种差别现在已经消除，事情已经回复到本来的状态，目前我们除了宫廷党和民权党没有别的什么党了；而宫廷党和民权党由于利害或原则，不是依附于君主制，便是追求自由。托利党人已有很长时期需按共和方式讲话，这种虚伪似已使他们改变了信仰，接受了对方的观点和语言。不过这个党在英国仍有甚为可观的剩余力量，仍然抱有一切旧的成见。而且几乎所有不信国教的人现在都站在王室一边，而中下层教会，至少是英格兰的教会则站在对立的一面，这证明我们现在并不是仅有宫廷党和民权党而已。这种情况可以使我们相信：我们的体制仍然存在某种偏向，某些外在的压力使它偏离了本来的进程，并在我们这些党派中引起混乱。[①]

① 这些文章中关于20世纪英国公共事务的某些看法，作者在作了更为精确的考察之后，在他所写的《大不列颠史》中感到应予撤销。正如他不愿自己隶属于任一党派体系，他也不愿使自己的判断受先入为主的见解和原则的束缚，也不耻于承认自己的错误。这些错误看法当时在国内确实几乎人人皆有。——作者

九　谈公民自由

那些不怀党派敌意和党派成见、执笔论述政治问题的人，正在建立一门科学，这门科学对于公众利益贡献最大，而且可使那些钻研它的人获得个人满足。不过，我却易于产生一种疑虑，认为我们这个世界还太年轻，难于确立许多放之四海而皆准、传之万代仍适用的政治真理。我们至今仅有不足三千年的经验，因此在这门科学中，如同在别门科学中一样，不仅推理的艺术还很不完善，甚至缺乏足够的可供思索的资料。我们还不充分了解人性，不知道它在为善或为恶方面究竟能接受何种程度的教化；也不了解在任何一次大革命之后，人类的教养、风俗或原则会有什么变化。马基雅维里肯定是个伟大的天才，但他的研究局限于古代凶狂暴虐的政府或者局限于意大利的一些混乱的小公国，因而他的推论，特别是关于君主制的一些推论，是极为错误的。在其《君主论》一书中，他所作的一切论断几乎全被后来的事实彻底驳倒。他曾说过："一个软弱的国君不可能接纳良言。"因为他若是与几个人商议，则无法在几种不同意见中进行选择；如果他完全信任一个人，那个大臣若是很有能力，则不会久甘为臣。他一定会废除国君，让自己及其一家登上王位。我提出的这一点，不过是这位政治家许多错误中的一例。产生这些错误看法在很大程度上是由于他生活在这个世界很早的时代，不可能很好判断政治真相。几乎所有的欧洲国君现

在都受他们大臣的控制，这已有将近两个世纪之久，但从未发生，也不可能发生上述情况。塞杰鲁斯也许曾图谋推翻恺撒们；而弗拉尔里虽然非常邪恶，但对于推翻波旁王室内心却不可能存有一线希望。

20世纪以前，商业从未被认为是国家事务，古代政论家几乎从未有人提到过它[①]，甚至意大利人对它也保持深沉的缄默，尽管它现在已同时吸引了国家大臣和理论家们的重要关注。两个海上强国[*]的富裕、豪华和军事上的伟大成就看来已初次向人类指明了扩展商业的极大重要性。

我本来打算在这篇文章中将公民自由和专制政权进行充分比较，并显示前者较后者具有很大优越性；不过我又开始有些疑虑，觉得在这个时代无人具有足够能力承担这项工作；而且在这个问题上不论人们提出什么看法，都很可能为今后的经验所推翻，被后人摒弃。人类事务中已经发生这么重大的革命，已经出现这么多与古人期望相反的事件，这一切足以使人设想还会发生进一步的变革。

古人已经观察到：一切艺术和科学都兴起于自由之邦。波斯人和埃及人尽管生活舒适、富裕和豪华，但很少尽力尝试那些更为美好的乐趣，而希腊人在不断的战乱中以及伴随而来的贫困和极为简朴的生活和习俗中，却将这些美好的艺术发展到臻于完美的

① 色诺芬提到过商业，但怀疑它对国家是否有任何好处（“商业是否在某个方面对城邦有利”。《希埃隆》）。柏拉图则将商业完全排除于他的理想国之外（《法律篇》，卷四）。——作者

* 两个海上强国，指当时的西班牙与英国。——译者

境地。他们还注意到：当希腊人丧失自由之后，尽管因亚历山大征服而财富大大增加，然而从那时起艺术在希腊却衰落了，而且再也未能在这一地带抬起头来。学术移植到了罗马，那是当时世界上仅有的自由国家；在这样肥沃的土地上，它茁壮成长一个多世纪之久，直到自由的衰亡带来学术的衰亡，并将野蛮蒙昧扩展到全世界。这两个事例中的每一个事例都具有双重性，既显示了学术在专制政府下的衰落，又显示了学术在民治政府下的兴起。根据这两个事例，郎吉努斯*认为自己有足够的理由断言：艺术与科学只有在自由政府下才能繁荣昌盛。他的这个见解受到我们国家的一些杰出的作家如艾迪生**和沙佛兹伯里***的赞同。这些人不是把目光局限于古代事实，便是对于我们已建政府的模式抱有过大的偏爱。

但是，这些作家对于现代罗马和佛罗伦萨的情况，又是如何说的呢？前者虽然呻吟于暴政和教士的暴虐之下，但雕刻、绘画和音乐，还有诗歌却都发展到了完美境界，而后者则主要是在因梅迪奇家族篡权而丧失自由之后，方在艺术和科学领域取得了重大进展。阿里奥斯托****，塔索*****，伽利略，还有拉斐尔和米开朗琪罗都不是生长在共和国内的。伦巴德学派虽与罗马学派齐名，但威尼斯人却只能分享最小一份荣誉，而且看来其艺术和科学天才略低于其他意大利人。鲁本斯****** 在安特卫普而不是在阿姆斯特丹建

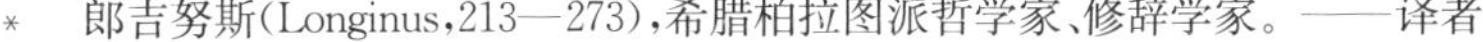

* 郎吉努斯(Longinus，213—273)，希腊柏拉图派哲学家、修辞学家。——译者

** 艾迪生(1672—1719)，英国散文家及诗人。——译者

*** 沙佛兹伯里(1621—1683)，英国政治家。曾任大法官兼上议院议长。——译者

**** 阿里奥斯托(1474—1533)，意大利诗人。——译者

***** 塔索(1544—1595)，意大利诗人。——译者

****** 鲁本斯(1577—1640)，佛兰德斯画家。——译者

立自己的学派。德国的艺术中心是德累斯顿而不是汉堡。

不过，学术在专制政府下繁荣的最突出的例子是法国，那里几乎从未享有法定的自由，但艺术和科学发展得近乎完善，不逊于任何国家。英国人也许是伟大的哲学家，意大利人是更好的画家和音乐家，罗马人是更伟大的演说家，但只有法国人是希腊人以外唯一的同时是哲学家、诗人、演说家、历史学家、画家、建筑家、雕刻家和音乐家的人民。至于舞台艺术，他们甚至超越了希腊人，而希腊人则远远超过了英国人。而且在日常生活中，他们还在很大程度上完善了各种最有用、最悦人的生活艺术，即社交和谈话的艺术。

当我们考虑我们国家中科学和艺术的状况时，贺拉斯*对于罗马人的看法在很大程度上可用之于英国人。

> “他们的祖先居住农村的时间如此长久，
> 至今仍留有许多住过农村的痕迹。”

优雅、得体的文风久已不为我们重视。我们没有自己的语言字典，几乎没有一本勉强可用的语法。最早的优雅散文是由现在仍然活着的人斯威夫特博士写的。至于斯普雷特**、洛克，甚至坦普尔***，他们对于艺术的规则所知太少，很难认为是上品作家。培根、哈林顿和密尔顿的散文均较生硬，并带有学究气，不过其见解甚佳。我们这个国度里的人热衷于争论宗教、政治和哲学这样的

* 贺拉斯(公元前 65—前 8)，罗马诗人。——译者

** 斯普雷特(1635—1713)，英国主教、诗人和散文家。——译者

*** 坦普尔(1628—1699)，英国政治家、作家。——译者

大问题，以致对于语法和文学评论这些看来琐细的事情不感兴趣。虽然这种思想倾向必定显著增强我们的推理意识和能力，但必须承认即使在上述学科内，我们也没有任何足以传之后代的典范著述。我们最能夸耀的不过是几篇论述建立更为公正哲学的论文而已。这种哲学确实颇有发展希望，但迄今为止，远未臻于完善。

已经有一种公认的看法：商业只能在自由政府下繁荣发展。这个看法看来比上述关于艺术和科学的看法建立在更为久远和更为广泛的经验基础之上。如果我们探索商业的发展，从提尔*、雅典、叙拉古**、迦太基、威尼斯、佛罗伦萨、热那亚、安特卫普、荷兰直至英国等地方，我们发现商业中心总是在自由政府的所在地。欧洲现在三个最大的贸易城市是伦敦、阿姆斯特丹和汉堡，全都是自由城市和新教徒城市，也就是说，它们享有双重自由。不过必须看到，最近人们又在妒忌法国的商业繁荣，这似乎证明此一箴言并不比前述论断更为肯定可靠。看来专制国君的臣民既可在学术上也可在商业上成为我们的竞争对手。

如果我敢于在这件如此捉摸不定的事情上发表自己的看法，我要断言：不管法国人怎么努力，但仍存在着一些损害商业的因素，这些因素产生于专制政府的性质，与之不可分割。不过，我对这种看法的理由与通常大家坚持的理由有所不同。在我看来，私有财产在文明的欧洲君主国中与在一个共和国中同样安全。在这样的国家中，君主强夺民财的危险令人担心的程度不会超过我们

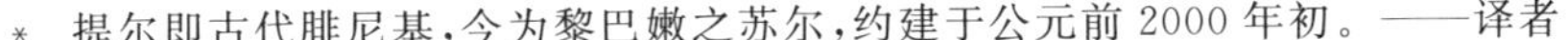

* 提尔即古代腓尼基，今为黎巴嫩之苏尔，约建于公元前2000年初。——译者

** 叙拉古是意大利西西里岛东南部一海港城市，即今日的锡拉库萨。古腓尼基人曾在此建立商业基地。后为希腊移民城市。——译者

通常对于雷击、地震或其他最不寻常事故的恐惧。贪欲作为勤勉的驱策力是一种极为顽强的激情，其劳动的方法能够闯过许多实在的危险和困难，它不可能被想象的危险吓倒，因为这种危险太小，几乎可以不予考虑。因此，在我看来，在专制政府之下，商业之所以易于衰落，并不是因为那儿不够安全，而是因为不够体面。等级隶属关系是维护君主制度所绝对必需的，出身、称号和地位必然比产业和财富更为光荣。当这些观念占据上风时，所有巨商都会受到诱惑，抛弃商业，买取这些带有荣誉和特权的头衔。

既然正在谈论"时间对于政治已经或可能带来什么变化"这个题目，我必须说：各类政府，自由的和专制的，看来在现代都发生了大的变化，不论在外交和内政上都变得较前好多了。权势均衡是政治上的秘诀，只有在现代才充分为人知晓。我还需补充说：各国的内务警察在最近一个世纪以来也有很大的改进。萨柳斯蒂*告诉我们：卡提里那**的武装力量由于盗匪迫近罗马城而大大扩充了。不过我相信从事这种行当的人在现在的欧洲整个加起来不到一团人。在西塞罗为米洛进行申诉的辩护词中，我发现他用这么一个论据证明其委托人没有刺杀克洛第斯。他说：假若米洛图谋杀害克洛第斯的话，他不会在白天袭击克洛第斯，不会在离城这么远的地方行凶，他会在夜晚、在城郊偷袭他，那就可以造成克洛第斯是被盗匪杀害的假象。当时频频发生的这类事件，定会有利于这种欺蒙。这件事令人惊讶地证实了罗马政策不严谨，盗匪数量

* 萨柳斯蒂(公元前86—前约35)，罗马历史学家。——译者

** 卡提里那(公元前108—前62)，公元前68年任罗马大法官、阴谋家。——译者

多并且力量大，因为克洛第斯当时由三十个全副武装的奴隶护卫着，而这些武装奴隶久经这位执政所煽起的动乱，对于流血和危险是习以为常的。

但是，尽管各类政府在现代都有改进，然而君主制政府似乎改进最大。现在可以将过去仅仅授予共和国的赞语同时授予文明君主制。可以说：它们是法治政府，而不是人治政府。我们发现文明君主制政府是可以有秩序、有条理和稳定的，并达到令人惊讶的程度。私有财产受到保障，劳动受到鼓励，艺术繁荣，国王安居于他的臣民之中，像父亲生活在自己孩子中一样。两个世纪以来，欧洲或许有近两百个大大小小的专制国君，如果每个君主平均在位二十年，可以设想共有两千个君主或暴君。正如希腊人曾经说的，他们之中还没有一个像提比略、卡里古拉、尼禄和图密善*那么坏，即使是西班牙的腓力普二世也不如他们坏；而在罗马皇帝中这样的暴君多达十二分之四。不过，无论如何，必须承认，君主制政府虽已向民众政府接近，日渐温和和稳定，但仍然是低级的。现代的教育和风俗较之古代的灌输仁慈和温和主义更多，但并未完全消除君主制政府的缺点。

不过，我在这里必须请求允许提出一项假设，它看来可能符合实际，但也只有后人能够充分评判。我倾向于认为君主制政府中有一种引起改进的根源，而民众政府中则有一种产生退化的根源。这种情况到时候能使这两类政治组织逐渐接近相等。法国是纯粹君主制最完善的典范，这里的最大弊病不是自由国家中所见不到

* 提比略、卡里古拉、尼禄和图密善均为古罗马暴君。——译者

的繁重捐税，而在于征税手续烦琐、专断、花费大、不公平。它在很大程度上挫伤了穷人，特别是农民和农场主的积极性。农业因而沦为贫穷和卑屈的行业。这种弊病究竟对谁有利？如果是对贵族有利，则可认为是这种体制的政府生而有之的缺点；因为贵族是君主制的真实支持者，在这种体制中他们的利益较之人民的利益自然会要受到更多的考虑。但贵族们实际上却是这种压榨的主要受害者，因为它破坏他们的产业，使他们的佃农沦为乞丐。唯一的受益者是财政人员，他们是贵族和王国全体臣民共同憎恶的一种人。因此，如果出现一个国王或大臣，具有足够了解自己利益和公共利益的洞察力，并有打破古老习惯的足够意志力量，我们就能看到这些弊端会得到改正。在这种情况下，专制政府和我们自由政府之间的差别就不会像现在这么显著了。

在自由政府中可以注意到的退化根源产生于借债和抵押公共收入这种做法，这样下去捐税到时候就会变得完全无法忍受，而国家的财产就会全部落入公众之手。这种做法不是现代才有的。我们从色诺芬的记述得知，雅典人虽由共和政府治理，但却要为任何一次必须借的金额而付出几乎百分之二百的钱。[①] 在近代人中，荷兰人首先采取以低息借用巨款的办法，几乎毁了他们自己。专制君主也借债，但由于专制君主可以任意使人破产，他的臣民绝不会受到他的债务的重压。而在民治政府中，人民，特别是那些职位最高的人常常是公共的债主，因而国家难于采用上述补救办法。

① “欲无本而取得优惠贷款，需加倍偿还——许多雅典人可在一年内取得巨大收益，因为贷出一明那，不久将会收入两明那。看来，这种财产最可靠而且持久。”（见色诺芬：《论收入》）——作者

那种办法不管有时看来多么必需，毕竟是残酷和野蛮的。因此，借债和抵押公共收入看来确实是个缺点，它威胁着几乎所有的自由政府，特别是在当前这个关头，对我们的政府威胁很大。不过这又是一种何等强大的动力，它促使我们更加节用公款；不然的话，我们就会由于捐税繁多，或者更坏的是，由于我们没有公共的保卫国家的力量而不得不诅咒我们的自由，并愿自己处于和周围国家同样的奴役状态之中。

十　谈艺术和科学的起源与发展

在探索人类事务时，没有什么事情比确切区分何者为偶然事件、何者为事出有因要求更精确了；没有什么别的题目比这更易为某些作者利用，以虚假的妙论和优美的词句自欺欺人。对于任何事件，若是说它出于偶然，即排除了进一步探索的必要，并使作者和别人一样，对它处于无知状态。但若假定该事的发生具有肯定的和稳定的原因，则作者即可借此表现自己的聪明才智，列出这些因果关系。由于任何富于心计的人在这种事情上都不会茫然不知所措，他因而大有机会扩充自己著作的篇幅，表现自己的渊深学识，说出许多粗俗无知者见识不到的东西。

区别事物的偶然性和因果性必然取决于每一特定人物考察每一特定事件时的洞察力。不过假若要我定出一个普遍的规律帮助大家进行这种区分，其内容必然如下：凡取决于少数几个人之事在很大程度上可以归之于偶然，或归之于某种隐秘未知的原因；而起因于大众之事则常可用确切已知的原因作出解释。

可用两条自然的理由证明这条规则：

一，假如一颗骰子偏向某一面，不论这种偏向多么微小，也许在几次投掷中看不出来，但在多次掷骰中必然会表现出来，使得比数完全倒向那一面。同样，如果任何原因在某一个时候和某一群人中引起了某种特殊的倾向或激情，虽然其中还有许多人未受这种情绪感染而仍受其本人特有的感情支配，但整个群体肯定会受这种共有激情的控制，一切行动均会受其支配。

二，那些对大众起作用的原则或原因，较之那些仅对少数人起作用的原则和原因，总是更为粗俗、更为顽固，较少受偶然事件制约，较少受一时的兴致和个人的爱好所影响。仅对少数人起作用的因素通常较为微妙和耐人寻味，只要特定人物的健康、教育或财产稍有变动就足以转移其进程，阻碍其实现，而且也不可能将它们归入任何普遍的法则或看法。它们在此时产生的影响绝不会使我们有把握预测它在彼时可能起的作用，即使两个时期的基本情况完全相同。

根据上述规则判断，国内渐进的革命较之国外的激烈变动更适于作为观察和推理的论题，因为国外激烈的变动通常是由个别人引起的，它更多地受到一时的狂想、愚笨或喜怒无常的影响，而较少受到大众的普遍激情和利益的影响。英国在转让法制定和工商业增长之后，贵族的衰落和平民的兴起，易于用一般的原理说明；而查理·昆特死后西班牙的衰落和法兰西帝国的兴起则较难于用这些原理解释。假如哈里四世、黎塞留主教和路易十四是西班牙人，而腓力普二世、三世、四世以及查理二世是法兰西人，这两个国家的历史定会彻底颠倒过来。

由于同一原因，对于任何一个王国商业的兴起和发展较易作出解释，而对于其学术的起源和发展则较难说明缘由；而且一个国家致力于促进商业的发展较之致力于培育学术往往更有把握获得成效。贪欲或获利的欲望是一种普遍的激情，它在所有的时候，所有的地方，对于所有的人都起作用；而好奇之心，或对知识的热爱其作用却甚为有限;它需要青春、闲暇、教育、天才以及先例的配合,方能影响一些人。世上只要有人买书就不愁没有书商,然而有了读者却常有可能没有作者。在荷兰,众多的人民,普遍的需求,加上自由,导致了商业的产生,但学术的研究和应用却几乎未曾产生任何杰出的作家。

因此,我们可以断言,没有什么课题比探索艺术和科学史更需谨慎了;不然,我们可能指出一些实际从未存在过的原因,并将一些不过是偶然的因素析解为稳定和普遍的原理。在任何国家中,研究科学的始终是极少数人,支配他们的那种激情是很有限的。他们的爱好和判断雅而不坚,微妙多变,在实践中易受微小事件的干扰。因而偶然的机会或隐秘未知的原因必然对一切高雅艺术的产生和发展具有重大影响。

不过,也有一个理由使我不将此事完全归之于偶然。虽然在所有国家和所有时代里,钻研科学取得惊人成就、引起后世赞叹的始终只是极少数人,但是,在他们所由出现的人群中,事先必定是注意发扬这种精神和培养人才的,从而使那些卓越作家的爱好和判断在其婴幼时代便得以产生、形成和培育,否则他们便根本不可能出现。群众不可能是完全平庸的人们,这种高尚的精神正是出自于他们。奥维德*说过:我们心内有上帝,他注入使我们活化的圣火(Est Deus in nobis; agitante calescimus illo; Impetus hic, sacræ semina menfis habet[Ovid, Fast. lib. i])。各个时代的诗人

* 奥维德(公元前 43—17),古罗马诗人,代表作《变形记》叙述希腊、罗马神话故事,描写生动,内容丰富,欧洲文艺作品有许多都从中取材。——译者

将此说成为灵感。不过这里并无任何神奇之点。他们的灵火并非燃自天上，它只是在地上传递，从这颗心传到另一颗心。哪里材料准备得最好，安排得最佳，那里的火就燃得最旺。因此，关于艺术、科学的产生和发展问题，并不完全仅是涉及少数几个人的爱好、才智和精神状态的问题，它涉及整个人民的爱好、才智和精神状态；因而在某种程度上，可用普遍的原因和原理进行解释。当然，我得承认，一个人如果竟欲探究某一特定的诗人，例如荷马，为什么会生活在那样的地方和那样的时代，他就必然只能轻率地进行猜测，制造一些虚假妙论和拼凑一些华词丽句，否则便无法处理这个题目。他不如自称能够解释像非比阿斯*和西庇阿斯**这样的将军为什么会在那样的时代活在罗马，以及非比阿斯为什么会先于西庇阿斯出世。对这类事情，除了贺拉斯所说的下述缘由之外，人们再提不出别的理由了。

> 守护神从人的生辰可以卜知一切，
> 头型、容貌、长相异同、肤色黑白和死在何时。

不过，我却相信，在很多情况下，可以提出很好的理由说明一个民族在某一特定时期为何较其他民族更有教养和更有文化。这个题目至少是很有趣的，在没有弄清它是否可以分析论证并归结为某种普遍原理之前，即予摒弃，未免可惜。

---

* 非比阿斯(公元前280—前203)，古罗马统帅，历任执政官，曾率军与汉尼拔周旋，用兵以谨慎著称。——译者

** 西庇阿斯(公元前237—前183)，古罗马统帅，公元前205年任执政官。曾进军迦太基。公元前202年扎马战役打败汉尼拔。——译者

我关于这个问题的第一个看法是：任何民族，如果不享有自由政府提供的幸福，艺术和科学最初是不可能从他们之中产生的。

在世界的原始时代，当人们处于野蛮无知的状态时，为了避免互相侵犯和欺凌，他们去远处，寻求保障，而且选择一些统治者，有时选很少几个，有时选许多，他们盲目地信任这些统治者，但却未获得法律或政治制度上的保障使自己免受这些统治者的侵犯和欺凌。假如权力最终集中在一个人手中，假如国民由于对外征服或自然繁殖而人数大大增长，这时君主发现他已不能亲自在全国各地行使君主的各项职责，必然会让下级官员代行他的权力，由他们保持各自地区内的安宁和秩序。由于经验和教育尚未养成人们最大的判断能力，君主本人不受任何约束，也从不想约束他的大臣，总是委托他们代行全部权力，于是他就把他们置于任何一部分人民之上了。所有一般性的法律应用到特殊案件时，常有不便之处。这就需要有很强的洞察力和很多的经验，才能发觉这种不便比起每个官员任意决断的权力所造成的后果是微不足道的，并且也认识到一般法律不方便之处基本甚少。这是一件极难做到的事。人们甚至在高雅的诗歌艺术和雄辩术艺术上可以做出某种成就，而在城市法治的完善上却无重大进展。这是因为诗歌和雄辩术只要具有敏捷的天才和想象力就能促进其发展，而城市法律却只有频繁的试行和勤勉考察，方能加以改进。因此，不能设想一个野蛮的、不受任何约束和未受任何教育的君主，竟能成为一个立法者，或者竟能考虑到要约束他在每个省的傲慢的官吏，或者甚至他在每个村庄的裁判官。据说此前去世的沙皇，虽然天赋甚高，充满活力，并且热爱和赞美欧洲的艺术，但在上述具体问题上却对土耳其

的做法表示欣赏，竟然赞同那个野蛮君主国中所实行的对案件即决的做法，而土耳其的法官是不受任何方法、形式或法律限制的。他没有认识到这种做法与他使俄国人民文明化所作的一切努力是多么对立啊！专断之权在一切情况之下都多少带有压制性和贬抑性，而在一个小范围内实施则危害更大，令人完全无法忍受。特别是当享有这种权力的人知道自己任期有限官位不稳，则情况常常变得更为恶劣。他可以全权治理属民，好像他们是属于他个人所有的；但又漠不关心，甚至横施暴虐，好像他们是属于别人的（Habet subjectos tanquam suos；Viles，ut alienos。[Tacit. Hist. lib. 1] 塔西佗：《历史》，卷一）。受到如此统治的人民，是十足的名副其实的奴隶。他们绝不可能想到要提高自己欣赏或推理的能力，甚至不敢要求享受丰衣足食的生活，过安全的日子。

因此，期望艺术和科学最初会在君主国中产生，等于期望河水倒流。在这些高雅之物产生之前，君主是无知的、未受教养的；由于知识不足，他认识不到使他的政府在一般法律基础上保持稳定的必要性，反而将他的权力委托给所有下级官吏代行。这种野蛮的做法贬抑了人民，永远阻碍着一切进步。假若在科学问世之前，有个君主较为明智，成为法律者，以法治民，人民不受其同胞专断意志的统治，这种政府当然也可能成为艺术和科学的摇篮。不过这种假设看来不符合事理。

一个共和国在其婴幼时期，有可能像野蛮的君主国一样，只靠少数几个法律治理，也可能授给官吏或法官以不受限制的权力。不过，经常由人民进行选举，对于这种权威可起重大约束作用；而且为了保障自由，最终必然会出现约束官吏们的必要，从而促使制定普遍遵行的法律和法规。罗马的执政官有一段时期可以判决一切案件而不受任何成文法规的限制。后来人民不愿再忍受这种奴役，设立十大执政官，制定十二表法。这套法律虽然就其字数来说，可能不及一条英国议会议案，却几乎是那个著名的共和国几个世代中处理财产关系和进行惩罚的唯一成文法规。不过，它们和自由的政府机构一起，亦足以保障公民的生命和财产，免除了此一人受另一人统治的现象，保护每一个人免受他的公民一同胞的侵犯或暴虐。在这种情况下，科学就可以兴起和繁荣了。而在野蛮的君主制所必然产生的压迫和奴役之下，科学绝不可能成长。在这种君主制下，唯独人民受到官吏权力的约束，而官吏却不受任何法律或法规的约束。这种性质的无限专制，当其存在的时候，它扼杀了一切进步，阻碍人们获得知识，这种知识是在由于更好的政策和更加节制权力而产生的有利条件下教育人们必不可少的。

这里说的是那时自由国家的优点。一个共和国即使处于野蛮状态，但由于绝对正确的行动，也必然会制定法律，甚至当人类在其他学科方面尚未取得重大进展时，也是如此。法律提供安全，安全产生好奇之心，好奇之心求得知识。这一前进过程的后二阶段可能带有更多的偶然性，但前一阶段则是完全必然的。一个共和国没有法律就决不能长存。与此相反，在君主制政体下，法律并不是这种政体的必然产物。专制君主制度本身包含着某些排斥法律的东西。只有巨大的智慧和深入的思考才能使它们协调一致。但在人类理性达到较大的完善和提高之前，也就不可能达到这种巨大智慧和深入思考的程度。这种完善需要有好奇之心、安全和法律。

因此，艺术和科学的最初发展绝不可能在专制政府治理的国家中。

专制政府还有些别的方面阻碍完美的艺术的产生。不过，我认为缺少法律和把全部权力交给每一小吏去执行乃是主要原因。在民治政体下，肯定能够更为自然地开展论辩，因为各项技艺开展的互相竞赛也定会更加生动活跃，聪明才智更有用武之地和发展前途。这一切原因使得自由政体成为唯一适于艺术和科学生长的苗圃。

我对这个问题的第二个看法是：没有什么东西能比许多由商业和政策联系在一起的、相邻而又独立的小国更有利于文明和学术的发展了。在这些相邻国家之间自然发生的竞争显然是产生进步的根源。不过我主要坚持的是，这类小国的有限领土限定了其权力和权威的发展。

由个别人物拥有很大势力而扩张了的大国政府，很快就会变成专制政府，但小国政府却自然转向共和制。大国政府可以逐步习惯于专制和暴虐，因为暴政最初总是在部分地区实施，由于这些地区远离大多数人民，因而不被注意，也不会激起什么激烈的骚动。此外，即使全体人民感到不满，一个大国政府只要略施计巧，也可使其驯服。因为各个部分由于不知其他部分的决心如何，总是害怕带头闹事和造反。更不用说人们对君主常常存在一种迷信式的尊崇。人们不常见到君主，许多人对他不熟悉，看不到他的弱点，自然会产生这种心理。而且大国有力量支付巨大费用，用来支持和显示王权的赫赫威仪，这对人们也可起一种魅惑的作用，自然有利于奴役人们。

在一个小国政府中，任何压迫人民的行动立即为全民知晓，由此而发出的不满之声易于传播，愤怒很快高涨起来，因为这类小国的臣民不易认为自己与国君之间存在很大的差距。孔代王子曾经说过:“没有哪个人在其贴身侍仆眼中是个英雄。”对于任何世俗之人,敬佩和熟悉都是完全互不相容的。睡觉和恋爱甚至使得亚历山大本人也相信自己并非天神。我想那些每天侍候他的人,目睹他的无数弱点,必能轻易提供许多更有说服力的证据,证明他确实是个凡人。

但是,分成许多小国有利于学术的发展,因为它遏制了国威和国力的增长。名望和君权一样对于人们常常具有同样的魅力,而对于自由思索和考察却具有同等的危害性。但假若许多邻邦之间经常有艺术和商业上的交往,他们相互嫉妒就会阻碍他们彼此轻易地接受对方关于艺术鉴赏和科学理论方面的规则,而是促使他们极为认真和准确地考察对方的每件艺术作品。民众的看法不易从此地传播到彼地,它在这个或那个国家遇到不相容的偏见,立即受到阻遏。只有表现人性和符合理性的创作,至少必须是与之非常近似的创作,才能克服重重障碍,夺路前进,并使最相敌对的国家一致珍视和赞美它。

古希腊是一群小公国,不久都变为共和国。由于地域相邻,语言相同、利害一致而联结在一起,相互间的商业和文化交往极为密切。那里气候温和,土地亦不贫瘠,语言又极为和谐丰富,因而那里人民的一切条件看来都有利于艺术和科学的产生。每个城邦都产生了若干艺术家和哲学家,他们不愿邻邦占先,相互之间的竞争和论辩磨砺了人们的智慧,不同的成品提供大家评判,各显所长,互不相让。科学由于不受权威压抑,茁壮成长,成果突出,时至今日仍为人们赞颂。可是当罗马基督教即天主教传遍当时的文明世界,垄断当时的学术文化之后,教会本身实际成了这些邦国内的大国,并统一于一个首领之下;不同学派立即消失,只有亚里士多德的哲学可以在所有学校中传授,结果百家绝迹,万马齐暗。不过人类后来终于摔掉了这种枷锁，现在情况又几乎恢复到和从前一样了。当前的欧洲大体上是原来希腊小型模式的放大复本。我们已经看到了足以说明这种形势优越性的几个事例。上世纪末，法国人十分喜欢笛卡儿哲学，是什么阻碍了这种哲学的进步呢？难道不是由于欧洲其他国家很快发现了这种哲学的弱点而加以反对的吗？牛顿理论所受到的最严厉的检验，不是来自他的同胞，而是来自外国人。假若它能克服当前在欧洲各地都遇到的这类阻碍，它很可能会胜利传至千秋万代。英国人现在从法国的礼仪和道德榜样中开始意识到他们舞台上的丑陋放荡行为。法国人深信他们的剧院由于表演爱情和风流轶事过多，已经有些阴柔情调了；他们开始赞许邻国的阳刚风格。

中国看来有很深厚的文化和科学传统，经过了这么多世纪的进程，自然可以期望它应已成熟，比现有的一切更为完美。然而中国是个大帝国，人民讲着同一的语言，受治于同一的法律，赞许同一的生活方式。像孔夫子这样的导师，其思想权威易于传遍全国。没有人敢于抗拒当时盛传的主张。后人也不敢辩驳其祖先一致接受了的观点。看来这就是科学为何在这个伟大的帝国中进展甚为缓慢的一个客观原因①。

① 假若有人提出：我们怎么能使上述原理与中国人的幸福、富裕以及良好的政策相一致呢？中国人一直受君主的治理，几乎没有自由政府这个概念。我会回答说：中国政府虽然是纯粹的君主制，但确切地说，并不是专制的。这产生于该国所处的特殊环境。中国人除了鞑靼人没有别的邻国。由于著名的万里长城，由于他们在人口数量上占绝对优势，他们在某种程度上没有受到、至少似乎没有受到鞑靼人的威胁。由于这个原因，他们一直忽视军事训练。他们的常备军不过是最差劲的国民军，不适于镇压这个人口极其众多的国家内的大叛乱。因此，可以说利剑是始终掌握在人民手中，这对国君可起充分的约束作用，迫使他将大官或各省总督置于普遍推行的法律的约束之下，以免发生叛乱。从历史上看这种叛乱经常发生，危及政府生存。他们这种纯粹的君主制，假若用于抵御外侮，也许是最好的政府了。既有皇权的安定，民众集会又有自由，并较节制。——作者

考察一下地表各处的情况，可以看到欧洲在世界四大部分中，为海洋、河流和山脉分割成许多块，而希腊在欧洲各国中又是分割得最甚的。这些区域自然分成一些不同的政体。因而科学兴起于希腊，而欧洲迄今一直是科学常住不迁之所。

我有时倾向于认为学术盛世的中断，只要不伴之以焚毁古旧图书和历史纪录，对于艺术和科学毋宁是有利的，因为这打断了权威的发展，推翻了压制人类理智的暴君。在这一点上，它与政治机构和团体的中断具有同样作用。试想一下古代哲学家对各个学派宗师的盲目顺从，你便会相信这种奴性哲学延续万年并无好处。甚至那兴起于奥古斯都时代的折中学派，尽管他们声称要从各个学派中自由选择他们所感兴趣的东西，总的说来，仍和其兄弟学派一样依赖权威；因为他们不是从客观的自然寻求真理，而是从各个学派中寻找。他们认为真理必定存在于各个学派之中，不过尚未联成一体而是分散成许多部分。文艺复兴以来，原有的斯多葛学派、伊壁鸠鲁学派、柏拉图学派和毕达哥拉斯学派，均已不能恢复往日的声誉或权威。同时，这些学派衰落的事例还使得人们不再盲目敬重、追随那些企图胜过原有各家的新兴学派。

关于艺术和科学的产生与进步问题，我的第三点看法是：虽然自由国家是唯一适于这些高贵植物生长的苗圃，但它们可以移植于任何国家，共和国最有利于科学的成长，而文明君主国则最适于优雅艺术的成长。

在一般法律基础上使大国社会保持平衡，不论是对于君主制的或是共和制的政府来说都是一项甚为艰巨的工作。人类中的天才，不论才识如何渊博，均不能仅靠个人的理智及思考的力量做到这点。这项工作必须综合多人的主见，必须以经验为指导，而由时间使之完善，并依据人们在实践中所感到的不满、不便，改正在初次试验中不可避免的失误。因此这项工作看来不可能在任何君主国中创始和实施，因为君主国这种体制在未文明化以前，除了授给每个总督或地方长官以不受限制的权力并将人民分为许多奴役等级之外，别无其他良好政策可言。在这种情况下，绝不可能期待科学、文艺和法律会有什么进展，工艺和制造业也很少可能有什么进展。这种政府初始即具有的野蛮、愚昧将一成不变地传于后代，绝不可能由于那些不幸奴隶的勤勉或聪敏而终结。

不过，尽管安全和幸福之源的法律在任何国家中出现较迟，然而它是秩序和自由的缓慢成果，保持法律并不像产生法律那么困难。它一旦落地生根，就能经耐寒暑，不会因培育不善或气候严酷而死亡。至于那些奢华的艺术，特别是高雅的文艺，其发展却取决于高雅的爱好或高雅的情致，它们易于消亡，因为它们总是仅为少数有闲暇、有资产、有天才、适于这种娱乐的人们所欣赏。但对每个人在一般生活中普遍有利的东西，一旦被人发现，则不可能被人遗忘，除非整个社会遭到武装颠覆，而且是遭受野蛮侵略者的疯狂洗劫，以致从前的艺术和文明全被湮没遗忘。模仿也易于将这些较为粗糙和更为有益的艺术从此一地带传至另一地带，使之在发展中走在一些高雅艺术的前头，尽管最初它们的产生和传播都在那些艺术之后。文明君主国家即是这样出现的。创始于自由之邦的各种治理艺术在这种君主国中保留下来对君主与臣民均甚有利，有利于双方的安全。

因此，不论在某些政治家看来君主制这种体制如何完善，可它的完善全得自于共和制。一个建立于野蛮民族中的纯粹专制制度绝不可能依靠本身力量，实现文明化。它必须借鉴自由国家的法律、方法和体制，以建立它自己的稳定和秩序。只有共和制能够产生这些好处。全面独裁的野蛮君主国，其政府的每个具体机构及其主要管理方法永远阻遏实现这类改进。

在文明化的君主国中，唯有国君实施其权威不受约束，唯独他拥有不受任何限制的权力，除了风俗、先例和自我利益意识之外，不受任何别的限制。而每个大臣和地方官吏，不论地位如何显赫，都需遵循治理整个社会的一般法律，按照规定方式实施委托给他代行的职权。人民仅依靠君主保障自己财产而不依靠别人。君主离人民甚远，对他们没有什么个人嫉妒或利害冲突，因而这种依赖几乎不为人所察觉。于是产生了一种政府，用政治高调来说，仍可以称之为专制政府，但它在公正谨慎的治理之下，却可向人民提供基本的安全，实现政治社会的多数目标。

虽然在文明化的君主国中和在共和国中一样，人民都能安全享受自己的财产，但在这两类国家中，那些拥有最高权力的人却都有权处理许多足以激发人们野心和贪欲的荣誉和利益。唯一不同的是，在共和国中，谋求职位的候选人必须两眼向下，争取民众的选票；而在君主国中则需两眼向上，祈求大人物的恩宠。走前一途径获得成功，人们必须使自己成为有用之人，必须依靠自己的勤勉、能力或知识；以后一种方式兴旺发达，则必须使自己善于取悦于人，依靠自己的机智、殷勤或彬彬有礼。最杰出的天才在共和国中轻易取得成功，文雅的风度则使人易于在君主国中飞黄腾达。结果是：科学较自然地在共和国中生长，而高雅的艺术则较自然地在君主国中出现。

更不用说的是，君主国之所以获得稳定，主要是由于人们对于僧侣和君主怀着迷信般的尊敬，因而在宗教和政治问题上，从而也在玄学和伦理道德上剥夺了推理的自由。所有这一些都是科学的重要分支。剩下的就只有数学和自然哲学，它们的价值不如上述学科的一半。

在谈话的艺术中，最悦人的莫如相互尊重或讲究礼貌。它使我们顺从对方而放弃自己的主见，抑制心中天生易有的专横和傲慢。一个受过良好教养的好性子的人无须思考，也不管有无好处，对每个人都彬彬有礼。但为了使任何人普遍具有这种可贵的品质，看来必须借助于某些普遍动机而产生的天性。在所有共和国中，权力是自下而上的，即从人民到大人物，人们易于忽略这种文雅的礼仪；因为全国人民都接近于相等，每个人在很大程度上都是独立于别人的。人民的优势在于具有选举之权，而大人物之优势在于所处地位的优越。但在文明君主国内，自国君到农夫，其间存在一系列附属关系，虽尚不至影响其财产之稳定或抑压人民之心灵，但仍足以驱使每个人都想取悦权位高于己者，按照有地位和有教养的人最易接受的模式培养自己的风格，因而彬彬有礼的举止自然最易产生于君主国和宫廷中。在这种讲究礼仪之风盛行的地方，学艺是不会全被忽略或忽视的。

欧洲各共和国目前均以不够文雅著称于世。“瑞士人的文明礼貌是在荷兰培养的”(C'est la politesse d'un Suisse en hollande civilise.)，* 这是法国人形容人们举止粗俗的一种说法。英国人尽管有学识和才能，在某种程度上也受到同样的评贬。如果说威

---

* 这句话是卢梭说的。——译者

尼斯人是个例外，那也许是由于他们与其他意大利人交往密切，而大多数意大利人的政府都强调依附上级，这足以促使他们讲究礼貌而有余。

很难对于古代共和国的文明在这个方面的具体情况作出评判。不过我疑心他们的谈话艺术不如写作艺术那样完善。古代演说家的粗俗，有许多事例令人震惊，令人难以置信。[①] 在那些时代的作家身上，常常流露出不少令人讨厌的虚荣心，普遍具有放肆而骄横的作风。萨勒斯特在他的历史著作的最严肃、最强调伦理道德的一节中就说过这样的话：国家对诈骗犯、通奸犯应处以剖腹、刮肚、断手和停食的惩罚。而“为了海伦无是非”，则是贺拉思追溯道德上善恶根源的一句话。奥维德和卢克来修[②]在风格上几乎和罗契斯特爵士[***]一样放肆，尽管前者是文雅绅士和作家，而后者住在宫廷，由于腐化似乎一切羞耻和礼仪都不顾了。玉外讷以极大的热忱反复教诲别人要谦虚，但如果考虑一下他自己那些大言不惭的讲话，他本人树立的榜样实在太恶劣了。

① 在这一点上，无须引证西塞罗和普林尼的事例，他们太有名了。令人惊异的是阿里安这位非常严肃、审慎的作家，竟然也会突然中断自己的叙述，对读者说，在希腊人中他的辩才和亚历山大的武功一样卓绝（阿里安：《亚历山大远征记》，卷二）。——作者

② 这位诗人[*]推荐一种极不平常的治疗爱情的方法（见其诗集卷四，第1165页），人们绝不会想到在这样高雅和富于哲理的诗中会读到这样的词句。它看来是斯威夫脱某些人物的原型。那高雅的加塔拉斯[**]和菲德拉斯也可加以同样的指责。——作者

* 指卢克来修（公元前96—前54），罗马诗人，伊壁鸠鲁派哲学家。——译者

** 加塔拉斯，古罗马诗人。菲德拉斯，古希腊哲学家。——译者

*** 罗契斯特爵士（1647—1680），英国伯爵和诗人，善写优雅的爱情诗和辛辣的讽刺文章，是查理二世的宠臣和密友，生活极为放荡不羁。——译者

我想大胆断言：古代人没有很多的文明教养，他们不具有我们在文明礼貌迫使之下向交谈者所表示的或装出的那种谦恭与尊重。西塞罗肯定是当时最有教养的人之一，然而我得承认，他在一些对话中将自己说成是演说家，而把他的朋友阿蒂卡斯描述得平庸不堪。其实，阿蒂卡斯虽然只不过是位无公职的绅士，学识道德并不逊于罗马的任何人，但却被描绘得比我们现代谈话中的菲拉莱西斯的朋友更为可怜。他是西塞罗的谦卑的崇拜者，经常称赞西塞罗，并以学生对老师的恭敬接受他的一切指示。[①] 西塞罗在其演说中，甚至在谈到加图[*]时也带有轻慢的语气。

古代的真实对话，我们能读到它最具体的一节是波里比阿叙述的（见所著《通史》，卷十七）。当马其顿的腓力普、一位机智多能的国王会见台塔斯·弗拉米尼时（从普鲁塔克的《弗拉米尼传》中我们得知他是一位最谦恭有礼的罗马人），几乎所有希腊城邦的使节都陪同参加会见。这时埃托利亚[**]的使节突然对腓力普说：你讲话像个笨蛋或者像个疯子。腓力普王回答说："这是明显的事，甚至瞎子也看清楚了。"他这是反唇相讥，笑话这位使节先生双目不明。不过这些唇舌交锋并未超越通常限度，因为会谈并未受到干扰。弗拉米尼对这些幽默的对话感到高兴。后来腓力普要求对方给点时间以便和自己的朋友们商量一下。这些朋友当时没有一

① 不仅我认为，阿提库斯为了幸福地生活，具有足够的美德。马尔库斯用赫尔库列斯的名义起誓，我的布鲁图斯也这样认为。我是他的裁判。我说的话不致使你见怪，我是更加倾向于他的意见（《图斯库拉努姆探求录》，第五章）。——作者

* 根据时间推测，此处的加图大概指的是斯多葛学派的追随者小加图。——译者

** 埃托利亚，古希腊城邦，位于西海岸科林斯湾。——译者

个在场。这位罗马将军也想显示自己的机智,乃对腓力普说:他身边之所以没有朋友是因为他把自己的朋友全都谋害了。对于这种不冒犯人的粗率,历史家在书中并未加以谴责,也未引起腓力普的憎恨。他当时不过是轻蔑地笑了一下,也就是我们所说的冷笑了一下。这并未阻碍第二天继续会谈。普鲁塔克在《弗拉米尼传》中提到了这些嘲弄,作为他语言富于机趣的一个例子。

渥尔塞主教*为他所说的"我和我的国王"这句有名的傲慢的话进行辩解。他说这种讲法符合拉丁语习惯,并说罗马人总是把自己的名字摆在他与之对话的人或他所叙说的人之前。不过这看来是罗马人缺乏礼貌的一个例子。古代人有个规矩,说话时对于最尊贵的人应最先提及。他们如此注重这点,以致有一次埃托利亚人和罗马人竟因此发生争吵,相互嫉妒,而其原因不过是由于一个诗人在庆贺他们联合战胜马其顿人时所写的诗中把埃托利亚人摆在罗马人的前面了(《弗拉米尼传》)。还有莉维亚**在碑文中把自己的名字摆在提比略之前,也引起了提比略很大的不快(塔西佗:《编年史》,卷三,第六四章)。

在这个世界上,没有什么纯而不杂的优点。正如现代那种本质上是礼貌性的温文尔雅的举止常常发展成为做作和浮华、假装和虚伪,古代那种本质上亲切感人的淳朴也同样常常退化为粗俗和凌辱、谩骂和猥亵。

如果承认现代文雅礼貌占据上风,那么作为宫廷和君主制自然产物的殷勤这种现代观念很可能会被认为是产生这种优雅风度

---

* 渥尔塞主教(1475—1530),英国政治家,主教,亨利八世时的大法官。——译者

** 莉维亚,提比略之妃。——译者

的根源。没有谁会否认这种创造是向现代前进的。[①] 不过一些热心追随古人的人却说它带有浮华习气，荒谬可笑：他们认为这对于现代与其说是一种赞颂不如说是一种谴责（沙弗兹伯里公爵：《道德论》）。我们趁此机会考察一下这个问题，可能是恰当的。

大自然在所有生物的雌雄两性之间培植了互相爱恋之情。这种感情即使在最凶恶、最贪婪的猛兽身上，也不只是局限于肉欲的满足，而是产生一种持续终身的友谊和相互安慰。不，甚至在某些物种中，大自然虽将这种情欲限制在一个季节之内和一个对象身上，形成一雌一雄之间的婚配或结合，仍然可以看出这种满意和友善之情进一步延伸，使得两性之间情意绵绵。这种情意在人类中必然会更为深厚。人类限制情欲于一定范围并不自然，它要么是由于偶然对一个人产生了强烈的爱慕之情，或者是由于考虑到责任和场所不便。因此，殷勤风流不可能出自矫揉造作。它是极其自然之物。在最为高雅的宫廷里，艺术和教育对它所起的作用也不会大于对其他高尚感情所起的影响。艺术和教育不过使人心趋向于它，使之优美，为之装饰，给予它恰当的风采和表情。

不过，殷勤既是慷慨大度也是很自然的。纠正粗鄙恶习，使我们不去做真正伤害他人的恶事，乃是尊重道德的本分，也是通常教育的目的。如果这一点不能在一定程度上实现，人类社会根本无法存在。可是为了使会话和交往更为轻松愉快。则需创造良好的方式，并且贯彻始终。每当人的本性使人心想干任何恶事，或对别

① 在德伦西（公元前185—前159）所写的《自我折磨者》中，主人公克利尼亚斯不论什么时候去城市，总是派人召唤他的情妇来见自己而不是自己去见她。——作者

人抱有任何恶意时，良好的教养总是教人反其意而行，并在所有举止上保持一种与其内心倾向不同的情绪。这样，我们通常虽然骄傲和自私，易于摆出高人一等的架势，而一个文雅的人却总是学着尊重自己的同伴，在一切普通社会场所总是让别人居先。同样，每当一个人的处境可能引起他内心任何不快的猜疑时，良好的行为就会对它加以阻遏，并经过研究思想情感的表现，使之与他易于猜忌的东西完全不同。这样，在老年人知道自己年老体衰，自然担心年轻人看不起自己时，受过良好教育的年轻人因此就要加倍尊重和尊敬年长的人。外地人和外国人孤单无靠，因而在所有文明国家中他们受到最有礼的接待，并且在每次聚会上都被安排在首席座位上。一个人在自己家中是主人，他的客人在一定意义上需服从他的权威，因此他总是坐在下首，殷勤照顾每个客人的需要，担负起一切烦琐事务，使客人感到愉快而自己又不显得做作，不使客人感到过分拘束[①]。殷勤不过是上述这种慷慨关注的一个事例而已。大自然授予男性以更大的体力和意志力，使得男人强于女人，男性因而有责任尽可能缩小这种优越性，举止应当慷慨大度，对她们的一切意愿和主见尽可能表示尊重和赞许。野蛮民族则将妇女当作最卑下的奴仆，从而充分显示男性的优越。他们禁锢、鞭打、买卖甚至杀害妇女。而文明民族的男性则以更为慷慨的但也甚为明显的方法显示自己的权威。他们对妇女彬彬有礼，十分尊重，尽

① 古代作者经常提到一种不良习惯，主人待客时自己吃的面包和酒竟比给客人的好。这不过是当时待客冷淡的标志而已。见玉外纳：《讽刺诗》，卷五，老普林尼：《自然史》，卷十四，第十二章，以及小普林尼书信集，等等。不过，目前欧洲几乎没有哪个地方仍然如此不文明，竟还允许这样一种习惯存在。——作者

量满足她们，一句话，对她们非常殷勤敬重。在美好的宴会场合，你用不着问主人是谁？那坐在最下首总是殷勤招待客人的人，肯定就是主人。我们必须要么否定这一切慷慨大度的做法，把它们说成是浮华习气，矫揉造作；要么和对待其他礼仪习惯一样，一视同仁地承认它。古莫斯科人娶妻时送她一根鞭子而不是送个指环。他们在家中总是把自己置于外国人之上，甚至对外国大使也是如此。[①] 这两个表示他们慷慨和礼貌的事例，显示的是一回事。

殷勤与明智和谨慎的一致，并不亚于与自然本性和宽宏大度的一致；若加以恰当的调节，就能比任何其他新发明更有益于青年男女之欢娱和进步。在各种动物中间，大自然都将其最甜蜜和最美好的享受建立在两性间的相爱上，不过单纯的肉欲并不足以解决心灵的需求。甚至在野兽中间，我们都可以发现其乐趣主要由嬉戏、游玩和其他抚慰的表示所构成。对于有理智的生物，我们必须肯定心灵需求的重大分量。假如我们去掉宴会上的论理、闲谈、关切、友好和欢笑等等酬酢，从真正高雅和奢华的角度来看，剩下的几乎不值得享受了。

同有德性的妇女为伴，想要互相取悦的企图必然会不知不觉地润饰心灵，女性温存谦和的榜样必然会感染其赞慕者，而女性的纤娇必然会使每个人特别注意自己的言谈举止，以免不符礼节而冒犯对方。还有什么比这更能培养良好的风度呢？

古人把女性的品格完全看作是个人家事。他们从来不把女人

① 卡莱尔伯爵：《三个大使馆的关系》。——作者

看作是文明社会的一部分或看作是一个良伴。这也许就是古人没有留给我们一篇绝妙的描述男女欢娱之作的原因(不过我们需把《色诺芬的宴会》和《卢西恩*的对话》作为例外),尽管他们许多认真严肃的作品却是后人完全难以模仿的,贺拉斯指责普拉图斯的笑谑粗俗和冷酷,可是他自己虽然是世上最通俗、细腻和讨人喜欢的作家,但他本人笑谑的才华难道也很惊人或甚为精练吗?因此高雅艺术从其所由兴起的宫廷和从尊重妇女的习俗受到裨益,这实在是一个重大的进步。

让我回到原题上来,提出自己对艺术和科学的产生和进展问题的第四点看法:艺术和科学在任何国度达到完美境地之后,即会自然走向衰落或者不如说必然走向衰落,并很少在它们以前曾经昌盛过的国度里复兴。

必须承认这条规律虽然符合经验,初看却可能被认为是不合情理的。如果人类的天生才智在所有时代并几乎在所有的国家都是相等的(这看来是真实的),这必然会大大促进和有利于培育这种天赋,在各门艺术中形成共有的模式,调节人们的爱好,确定效仿的对象。古人留下的模式产生了两百年前的各项艺术,大大促进了欧洲各国艺术的进展。为什么在图拉真帝**及其继位者统治时期,它们不能产生同样的效果呢?当时这些模式不是更为完整、仍然为整个世界所赞美和研究的吗?直到查士丁尼大帝***时代,

* 卢西恩,公元2世纪时的希腊讽刺文学家。——译者

** 图拉真帝(52—117),罗马皇帝,在位期间98—117年。——译者

*** 查士丁尼大帝(483—565),东罗马帝国皇帝,在位期间为527—565年。他下令编纂了《国法大全》,对外扩张侵略,对内横征民力,大兴土木。——译者

人们认为卓越的诗人在希腊人中首推荷马，在罗马人中则为维吉尔。人们依然在称颂这些神圣的天才，不过已有许多世纪没有出现过能够望其项背的诗人了。

一个人的天赋才能在其生命初期总是既不甚为人知，也不甚为己知。只有经过频繁的尝试，取得了一些成功，他才敢于认为自己能够从事那些别人已经取得成就、获得人类长久赞美的事业。假如他本国已有许多雄辩术的典型，他自然会将自己的初次尝试与之比较，从而感到距离实在太大，就会丧气，不想再试了，绝不会想与这些他十分敬佩的作家抗衡。高尚的竞赛是产生杰出成果的源泉，敬佩和谦虚则自然取消这种竞争。可是真正伟大的天才却又最易过分敬佩别人，贬抑自己。

称颂和荣誉，仅次于竞争，是崇高艺术的最大促进者。一个作家听到世人称赞他以前的作品就会受到新的力量的鼓舞。他受到这种鼓舞，常常能达到完美的境界，达到使他自己和他的读者同样感到震惊的顶峰。但如果所有荣誉已为他人占有，他的初试工作就会受到公众冷淡对待；因为比较起来，他人的作品本身更为卓越，且已享有盛名，难与争衡。假如莫里哀和高乃衣现在将其原来受到热烈欢迎的早期作品搬上舞台而受到公众的冷遇和轻蔑，定会感到沮丧。只是由于当时世人的无知，《泰罗王子》才受到欢迎，可是我们由此才能看到后来的《沼地》。假若《各尽其兴》* 当时遭到公众抵制，我们后来就看不到《沃尔庞》了。

* 《各尽其兴》和下文的《沃尔庞》均为英国剧作家琼森（1573—1637）的作品。——译者

也许从邻国引入甚为完美的艺术对一个国家来说并不是一件有利的事。这样做会取消竞争,并压抑年轻人的创作热情。许多意大利的名画样本传入英国,不但没有激起我国的艺术家进行创作,反而成为他们在这门高尚艺术领域中进展甚微的原因。当罗马接受希腊艺术的时候,情况或许也是如此。大量优雅的法文作品传遍德意志和北欧,实际上阻碍了这些国家建立自己的语言,使他们在享受这些高雅艺术方面至今仍然依赖其邻邦。

确实,古人在每种写作艺术上都给我们留下了值得高度赞美的典范。可是除了它们也是用文字写作、仅为少数学人所识这一点以外,我说,将当代才人与古代作家比较,并不正确或周全,因为他们生活在遥远的时代。假如沃勒*生于古罗马提比略皇帝治理时期,他的初始作品与贺拉斯优美的颂诗比较,必定会受到轻视。但在我们这个岛上,那位罗马诗人的优势却不会削弱英国诗人的名声。我们认为我们的社会思潮和语言只要能够产生略似绝妙原作的摹本,就已够幸运的了。

总之,艺术和科学,像某些植物一样,需要新鲜的土壤。不论土地如何肥沃,不论你如何精心培养,一旦地力耗竭,它绝不会再产生任何完美的作品。

* 沃勒(1607—1687),英国诗人。——译者

十一　谈民族性

粗俗之人易于将民族性极端化，一旦作出任何民族是无赖成性，或是生性懦怯，或是愚昧无知这样一种原则结论之后，即不容许有任何例外，而以同一指责加诸每一个个别的民族。有识之士否定这种不分青红皂白的看法，不过他们同时也承认每一民族具有一些特殊的风格，有些特性在一个民族中比在其邻族中常常见得更多。瑞士的平民很可能较爱尔兰老百姓更为诚实，而每个谨慎的人据此对待二者的信任程度必然会有所不同。我们有理由期待一个法国人比一个西班牙人更为灵敏和欢快，尽管赛万提斯乃是西班牙人。人们也自然认为一个英国人比一个丹麦人更有知识，尽管第谷·布拉赫*是丹麦本土人。

人们为民族特性的形成指出了不同的原因，一些人认为它们决定于精神，另一些则认为是体质方面的原因。所谓精神方面的原因，我指的是一切对人们心灵长期起作用的情况，即动机或理智，它们能使我们具有一种特殊的习惯性的风度。这类情况因素有：政府的性质，公共事务的变革，人民生活的丰匮，该民族与其邻族的关系以及其他这类情况。所谓体质方面的原因，我指的是空气

---

* 第谷·布拉赫(1546—1601)，丹麦天文学家，进行了大量天体方位测量，精确度很高，开普勒总结这些观测资料，发现了行星运动三定律。——译者

和水土的质量，据认为它们不知不觉地影响人的脾气性格，改变人体的状态和习性，形成特定的肤色。虽然思考和理性有时也可克服这些因素，但它们仍对大多数人类起作用，影响他们的举止风度。

民族性格在很大程度上取决于精神因素，这一点即使对于最浅薄的观察者也是明显的。因为民族不过是许多个人的集合体，而个人的举止风度却经常决定于这些因素。由于贫穷和艰苦劳动使平民心智衰退，使他们不适于从事科学研究和精巧专业，因而当任何政府对全体人民压制得很厉害的时候，必然会对人民的性格与才智产生相应的影响，必然会将他们排除于文学艺术大门之外。

精神因素影响性格的原理同样能确定不同职业者的特性，甚至能改变特定成员的天赋性格。在所有民族和所有时代中，兵士和僧侣具有不同的特性，而这种差别产生于一些永恒不变地起作用的环境因素。

生死不定使得士兵们既勇敢又挥霍慷慨；由于他们闲荡无事，加上扎营驻戍时千百成群，使他们喜爱寻欢作乐；由于他们经常改换连队，因而教养较好，言谈坦率；由于受雇当兵只是为了反对公共的和公开的敌人，他们变得恳切诚实，不搞阴谋诡计；由于用劳力多于用劳心，他们一般不善思考，没有知识①。

有一句陈旧的但并不是完全虚假的谚语：所有教派的教士都是一样的。虽然这种职业的特性并不能压倒每个教士个人的性

① 米南德(公元前343—前291)，希腊剧作家，他有句名言："无人可以变成神，如果他不能成为衣着考究的士兵。"甚至上帝也无法创造一个文雅的士兵。在我们这个时代，对于士兵却产生了相反的看法。这使我因此觉得：可以假定古人的文雅礼貌得自于书本和学习，而士兵的生活确实难于适应这种读书学习。他们的活动场所是连队和广大世界。如果文明礼貌能从连队学到，他们一定会学到许多。——作者

格，然而对于大多数的教士来说它总是起着支配作用。化学家观察到：从任何物质馏取的烈酒达到一定的纯度就都变成同样的了。同样，这些教士提升到高于一般人类之上，也就获得了同样一致的性格。这种性格在人类社会中，据我看，一般说来并不是最和蔼可亲的。它在很大程度上与兵士的性格相反，因为它所由产生的生活方式与兵士的生活方式也是相反的。①

① 虽然整个人类在一定的时候和一定的心情下对宗教有强烈的爱好，但很少或者根本没有人能够达到神职性质所要求的程度并能坚持不变的。因此，必然会发生这样的情况，由于教士与从事其他职业的人一样，也是从普通人中间挑出来的，他们出于利害考虑，即使对于宗教生活感到厌烦、内心向往普通职业，大多数人仍然会表现出热诚和认真的样子。他们不能像世上其他的人一样，给予自己的本能情绪以活动自由。他们必须时刻注意自己的面容、言语和行动。

大多数人都有野心，不过人的野心一般可以因其所从事的特定工作干得出色而得到满足，从而有利于整个社会。

大多数人易于对本行业的成员抱有关切之心。不过律师、医生或商人个人单独从事自己的业务，因而这些行业人们的利益不如同一教派人们的利益那么紧密相连。同一教派的人可以由于人们尊重其共同信仰或由于压制其敌对教派而全体得到好处。

很少有人能够忍受别人的反对，而教士们在这方面甚至常常发展到狂暴的程度。圣教仇恨一词已成为谚语，它意味着一种狂暴至极、不可缓解的仇怨。

报复是人类的一种本能激情，但在教士和妇女中这种激情看来最为强烈，这是因为他们不能以暴力和争斗的方式立即发泄愤怒，易于想象自己因此受人轻蔑，他们的骄傲和自尊助长了他们的报复心情。

宗教的性质是庄重和严肃，这种性质是教士所需要的，它使他们遵守严格戒律，禁绝放荡不羁的行为。教会不允许娱乐，更不允许狂欢作乐。这种德行也许是他们从这种职业所获得的唯一美德。在宗教中，那些确实建立在纯理论原理基础上，其公共演讲构成宗教事业一部分的宗教，可以推定这种宗教对于当时的学术会产生相当大的影响，尽管可以肯定它们对于雄辩术的鉴赏能力常常大于它们的哲学推理能力。但是，不论哪个教士具有人类的其他美德，例如他们许多人都很温和和谦虚，这无疑是受赐于自然或出于个人思考而不是受其职业的影响。

古罗马人有一种不坏的方法，为了防止教士性情躁烈，他们制定了一条法律：任何人未过五十岁，不得进入圣庙（狄奥尼修斯·哈利卡纳苏：《古罗马史》，卷一）。他们认为，世人活到那个年龄，性格已经稳定。——作者

至于体质因素，我完全怀疑它们在这方面所起的作用。我也不认为人们的脾气或才能会受到气候、食物和水土的任何影响。我承认，与此相反的意见初看起来很可能更为合理；因为这些因素对于别的动物都有影响，甚至那些适于在所有地带生存的动物，诸如狗、马等，在各个地方生长的情况也不相同。勇猛的哈巴狗和好斗公鸡看来是英国特有的。佛兰德*以产大型负重的马著称，西班牙则盛产体轻矫健之马。这些动物的任何一个品种从这一国移植到另一国很快就丧失了它们在本土所具有的一些特性。我们可以问：人类的情况为什么不是一样的呢？①

很少有什么问题比这个问题更为奇特的了，这也是我们在探索人类事务时会最经常遇到的问题，因此对这个问题作个全面考察可能是恰当的。

人类的心灵是很富于模仿性的。任何一群人经常交往而不互

---

* 佛兰德为欧洲中世纪伯爵领地，包括现今比利时的东佛兰德省、西佛兰德省和法国北部部分地区。——译者

① 恺撒在《高卢战纪》卷一中说过：高卢马甚佳，日耳曼马甚劣。在卷七中，我们看到，他不得不以高卢战马装备日耳曼骑兵。但现在欧洲任何地方也不像法国那样充斥着各种各样的劣马，而德意志则盛产优良战马。这可能使人产生怀疑，甚至动物的特性亦不决定于水土气候而是决定于其不同的品种以及饲养培育的技巧和照管的好坏。英格兰北部盛产各类良马，在世界上也许是首屈一指的。而在特韦德河以北的邻近各郡里却找不到任何一种好马。斯特拉波**（见所著《地理学》，卷二）在很大程度上否定水土气候对于人类的影响。他说，一切都决定于习俗和教育。雅典人有知识，而斯巴达人愚昧，底比斯人和雅典人更为邻近，也愚昧无知。可见这并不是由于自然环境。甚至动物品种的差异，他补充说，也不决定于水土和气候。——作者

** 斯特拉波（公元前63—19），希腊地理学家与历史学家，著有《地理学》十七卷，《历史学》三十卷，对文艺复兴时代及其以后的区域地理学的发展具有一定的影响。——译者

相濡染、不互相感染彼此的善善恶恶，是不可能的事。一切有理性的生物结伴和结社的倾向很强。给予我们此一倾向的这种本性，使我们能互相深入了解彼此的情绪，并使相似的感情和意向像感染一样传遍整个俱乐部或人群。当一些人联合成一个政治社团，他们一定会有频繁交往的机会，商谈防务、商业和政府事务，还使用同一的语言文字，结果他们的举止风度必然会有所相似，并且具有共同的或理性的性格，即既有个性，又有共性。尽管人类天生有成千累万各种各样的个性和智力，但并不是按相同的比例生成的。在每个社会里，勤勉和懒惰、勇敢和怯懦、仁慈和野蛮、聪明和愚蠢的成分，并不总是按同一方式掺和的。在形成社会的初期，如果这些气质中的任何一种多于其他气质，它自然会在整个构成中占据优势，从而形成民族性格的特色。如若假定即使在小型社团中也没有哪一种个性能占据优势，并且各种性格总是按照同一比例掺和的；然而那些有声望、有权威的人是一个更小的团体，就常常不能假定他们是属于同样的性格，而且他们对于民众的行为方式在任何时候都会具有很大的影响。假若在共和国建立初期，由一个布鲁图*式的人物当权，他热衷于自由和公益，忽视亲缘关系和私人利益，这样光辉的榜样自然会对整个社会产生影响，在每个人胸中激起同样的感情。不论这一代人的风度怎样，下一代人定会濡染更深而青出于蓝，因为人们在幼年时代最易感受一切印象，并终身保持这些印象。我想断言：民族性格如不决定于固定的精神因

---

* 布鲁图（公元前85—前42），古罗马政治家，为了恢复共和政体，毅然刺杀个人好友——独裁者恺撒。——译者

素，则必定形成于上述这类偶然情况，而体质因素对于人类心灵则并无可以感觉的影响。所有哲学都有这么一句箴言：未曾显现的原因可以认为并不存在。

假如我们走遍全球，或遍翻史籍，定会发现到处都有同情的迹象或生活方式的互相渗透，但无迹象表明它们是受气候或水土的影响。

1. 我们可以看到，一个辖地辽阔的政府在建立许多世纪以后，必然会将一种民族性格扩展到整个帝国，使得各个部分的人风俗相似。因此，中国人的性格最为一致是可以想象的，虽然在那块辽阔的国土上各个不同部分的水土和气候差异很大。

2. 在一些邻近的小国中，人民却有着不同的性格，他们的风俗习惯常常也不相同，就像是相距极为遥远的国家一样。雅典和底比斯相距不过是短短一日的路程，然而雅典人却以聪敏、文雅、欢快而著称，就像底比斯人是以迟钝、粗俗、冷淡著称一样。普鲁塔克在谈论气候对于人的心灵的影响时说：比雷埃夫斯*的居民，其性格与四英里之外海拔较高的雅典城的居民显然不同。但我相信谁也不会把瓦宾和圣詹姆斯**两处居民风俗习惯上的差别归因于气候和水土。

3. 同一民族性格通常总是延伸到该国政府权威所及的明确边界。只要越过一条河流，跨过一条山脉，就会遇到一些新的风俗习惯和一个新的政府。普罗旺斯人和加斯科尼人是法国最快乐的人

* 比雷埃夫斯，希腊港市。——译者

** 瓦宾位于今美国康涅狄格州。圣詹姆斯位于今美国纽约州。两地相邻而民风不同。——译者

们，然而只要跨过比利牛斯山，你就到了西班牙人中间。国家的边界往往决定于战事、谈判和联姻，能否想象气候的性质竟会严格按照帝国的边界而变化呢？

4. 一群散居各国的人，相距甚远，然而只要维持一种严密的社团或互相联系，就会具有相似的风俗习惯，而与他们生活其中的民族却很少有相似之处。因此欧洲的犹太人和东方的亚美尼亚人都具有独特的性格，前者以奸诈著称，正如后者以诚实闻名[①]。人们也注意到生活在所有罗马天主教国家中的耶稣教徒亦皆具有独特的性格。

5. 在有些地方，一种偶然的因素，例如语言或宗教信仰的不同，使得同居一国的两个民族不能互相掺和，他们在若干世纪之内仍然保持不同的甚至是对立的风俗习惯。土耳其人的诚实、庄重和勇敢与现代希腊人的欺诈、轻浮和怯懦即形成鲜明的对照。

6. 一种同样的风俗习惯和法律及语言一样，往往是伴随一个民族的，并同他们一起带到世界各地。即使在热带地区，西班牙的、英国的、法国的和荷兰的殖民地也完全能区别开来。

7. 一个民族的风俗习惯从一个时代到另一个时代，变化很大；或者是由于其政府有大的变革，或者是由于掺入了新的移民，或者是由于世事无常、人性易变。古希腊人的机灵、勤勉和活跃与该地区现代居民的笨拙、懒散全无共同之处。坦率、勇敢、热爱自由是

①　大社会中的一个小派别或一个社团通常最重视道德约束，因为他们更受人们注意，个别人的错误常常给整体带来耻辱。只有一种情况例外，即当大社会对他们的偏见很深，无视他们的良好品德，横施污蔑，加以恶名。在这种情况下，既已不可能维护品格，增益令名，他们干脆任性而为，只有在自己人中才约束自己。——作者

古罗马人的性格，正如深沉、懦怯和奴颜婢膝是当代罗马人的特点。古西班牙人从不安于现状，生性狂暴，沉溺于战争，当罗马人解除他们的武装时，许多人自杀(李维:《罗马史》，卷三十四，第十七章)。可是现在(至少在五十年前就会发现)要想鼓动当代的西班牙人去打仗却和过去要他们放下武器一样困难。巴塔维亚人*过去都是兵痞，在罗马人军队里当雇佣兵，而他们的后代却像罗马人对待他们的祖先那样，雇佣外人当兵。尽管法国人的性格有一些与恺撒所描绘的高卢人相同，然而该国现代居民的文雅、慈和和有知识与该地古代居民的愚昧、野蛮和粗俗却形成何等鲜明的对照？我们更不必提到不列颠现代居民与罗马人征服不列颠之前该地居民之间的巨大差别了。因为我们已看到，我们的祖先数世纪之前还沉浸在最可怜的迷信之中，20世纪中仍燃烧着最狂烈的宗教激情，而现在对于宗教事务却极为冷淡，漠不关心，这种情况在世界各国均可发现。

8. 几个相邻的民族在政治上、商业上或旅游上交往甚密时，他们就会具有相似的风俗习惯，相似的程度与其交往的密切成正比。因而所有的法兰克人与东方各民族具有一致的性格，他们之间的差异极似不同省区之间口音上的差别；只有熟悉这些方言的人才听得出来，外国人通常是难于察觉的。

9. 我们常可看到，说着同一语言并在同一政府治理下的同一民族具有一种极为混杂的风俗习惯。在这一点上，英格兰人在世

---

* 巴塔维亚人是古日耳曼人的一个分支，生活于今尼德兰一带。以勇武著名。公元前15年，降服于罗马人，为罗马人服役。——译者

界各民族中也许最为突出。这一点既不能归因于该地气候之变化不定,也不能归因于任何其他物质上的原因,因为这一些原因在相邻的苏格兰国家也存在,却未产生同样结果。当一个民族的政府完全是共和制时,甚易产生一些特殊的风俗习惯。政府如若完全是君主制的,则更易产生这样的结果,因为仿效上级会使民族的风俗习惯在全民中迅速传播。如果治理一个国家的那些人像荷兰的情况一样,全是商人,这些人一致的风俗习惯必会决定该国人民的性格。如果治理国家的那些人主要是贵族和地主,像德国、法国和西班牙的那样,也会产生同样的结果。一个特殊派别或教派的天才人物也易影响一个民族的风俗。但英国政体却是君主政治、贵族政治和民主政治的混合体。当权者由贵族和商人组成。人民中间各种各样的教派都有。每个人都享有极大的自由和独立,使得他可以充分表现独特风格。因而在世界各族人民中,英国人的民族性很少,除非把这种奇特现象也看作是民族性。

如果人们的性格决定于气候和水土,我们自然可以认为气候的冷热对人们的性格具有重大影响,因为没有什么比温度更能影响所有的植物和无理性的动物。而且,我们确实有一定的理由认为,那些生活在极圈之外或生活在热带的民族均较其他种族低劣。他们不可能达到人类心智的高级造诣。地球北部居民的贫困和悲惨以及南部居民由于所需维生物资不多而趋于懒散,也许可以说明这种明显差异而不必求助于物质原因。不过这一点可以肯定,即温带地方民族的性格非常混杂难分。对于住在这些地区较南或较北一带的民族过去所已形成的一般看法,现在看来几乎都是不可靠的和谬误的。[①]

我们能说太阳近射可以激起人们的想象并给予他们以特殊的精神活力吗？法国人、希腊人、埃及人和波斯人都以欢快著称，而西班牙人、土耳其人和中国人则以庄重和严肃闻名，但并没有任何足以产生这种性格差异的气候差别存在。

希腊人和罗马人称所有其他民族为野蛮人，认为只有较靠南部地带的人才具有才智和悟力，并宣称北方民族不可能学到什么知识，不可能成为文雅之士。然而我们这个岛国不论在事业上或是在学术上却产生了许多伟大的人物，他们并不逊于希腊和意大利所夸耀的人物。

通常假定：一个国家越是接近热带，人们的情感越是温柔，并且对于美和雅的鉴赏力也随着纬度的增大而相应提高。这一点在语言文字上特别易于看出。南方的语言总是圆润、悦耳，而北方的语言则粗陋刺耳。不过这个看法并不普遍适用，阿拉伯语就是粗鲁难听的，而莫斯科语却柔和而有节奏。拉丁语的特点是强劲有力和粗陋，而意大利语却是人们所能设想的最为清脆圆润和阴柔的语言。每种语言都有点决定于人民的风俗习惯，但更多地决定

① 我倾向于认为，黑人天生低于白人。这种肤色的人几乎从来没有建立过文明的国家，甚至从来没有任何一个黑人在作为上或思辨上表现突出。他们中间没有精巧的制造品，没有艺术，没有科学。与此相反，甚至最粗鲁野蛮的白人，诸如古日耳曼人和当代的鞑靼人，仍然具有一些突出之点，例如勇敢，政府体制优越或其他某些特点。假若在这些人种之间没有天生的差别，就不可能产生如此普遍和经常的差异。更不必提我们殖民地的情况了。现在黑奴遍布欧洲。他们从来没有一个表现出机灵的迹象。然而我们中间的下层人民虽然未受教育，却能进行工作，在每个行当中出人头地。在牙买加，人们谈到一个黑人，说是具有才能和学识，但很可能只是小有成就而被人称赞，就像鹦鹉能够说清几句话便受称赞一样。——作者

于由祖先传下来的原有的词汇和语音。即使他们的风俗习惯有了极大的变化,这些词汇语音仍然保持不变。谁能怀疑现在的英国人较之特洛伊之战以后数个世代的希腊人更为文雅和有知识?然而在弥尔顿的语言和荷马的语言之间却没有做这种对比。不但如此,一个民族的风俗习惯变化和改进愈大,愈不能期待他们的语言也会有相应的变化。少数杰出和精粹的天才人物能把自己的爱好和知识传与全民,引起语言的最大进步;但是他们是以自己的作品使语言固定化,从而在一定程度上阻碍其进一步发展变化。

培根爵士曾经说过:南方的居民一般说来比北方居民机灵,不过寒冷地带如果出了天才,他可跃升到更高的顶峰,超过南方才智之士所能达到的高度。一位不久前去世的作家[1]进一步肯定了这个看法。他把南方的才智之士比作南瓜,南瓜通常都较好,但最好的也不过是淡而无味的瓜菜;而北方的天才却像西瓜,五十个西瓜中难得有一个好的,然而如果是个好的,其味必定极佳。这个说法如果只涉及欧洲各国,并且只限于现代,或者只限于前一个世代,我相信这个意见可以说是公正之论。不过我认为这也可以用精神方面的原因来解释。所有科学和丰富的艺术全都是从南方传输给我们的。我们很容易想象,在最初应用阶段,少数醉心于这些学科和艺术的人,在竞赛和荣誉的激励下,定想将它们发展到最大高度,竭尽全部精力,发挥一切才智,力求达到完美的顶峰。这种光辉的榜样将知识传播四方,并使人们普遍尊重科学。自此以后就开始放松了,这是不足为怪的,因为人们得不到恰当的鼓励,也就

① 贝克莱博士:《小哲学家》。——作者

不能以他们的造诣达到这样的成就。因此,在人民中间普遍传播知识和彻底扫除愚昧与粗俗,在特殊的人中间很少有人能够取得任何显著的完美结果的。昆体良*在《演说术原理》中似乎认为,知识在韦斯巴芗**时代较之在西塞罗和奥古斯都时代传播得更为广泛。昆体良还抱怨说,知识已因过分普及而被玷污了。玉外讷则说,从前只有希腊和意大利两地有科学。现在全世界都在和雅典与罗马竞争。雄辩的高卢人已经在教育不列颠人知晓法律。甚至极北地区的人也想雇请修辞学家教育自己。① 这种学术状态实堪注意,因为玉外讷本人就是最后一个略有天才的罗马作家。在他之后的那些作者除了叙述一些事实,传给我们一些知识之外,别无什么价值。最近莫斯科公国也转而学习科学,但愿这不会是预示当代学术状态的一个征兆。

本第沃格利奥主教***认为在坦率和诚挚方面,北方民族高于南方民族。关于后者,他指的是西班牙人和意大利人。至于前者,

---

* 昆体良(Marcus Fabius Quintilianus,35—95),古罗马教育家、演说家,曾主办罗马的修辞学校,认为教育应以培养为奴隶主贵族服务的演说家为主,主要著作为《演说术原理》。——译者

** 韦斯巴芗(Titus Flarius Vespasianus,9—79年),古罗马皇帝,弗拉维皇朝的创立者。——译者

① 康塔布里亚的斯多葛派哲学家来自何方?
古老的麦特鲁斯家族年代相仿。
现在,到处都有希腊人以及我们的雅典。
能言善辩的高卢教会了布里乔人代人诉讼:
旁及祖佃,图列已在演说家的议论之中。——作者

*** 本第沃格利奥(1579—1644),意大利主教、外交家和历史学家,曾任教皇克莱门特八世的枢密大臣。他的历史著述和外交信函准确地描述了他生活的时代。——译者

他指的是佛兰德人*。不过我倾向于认为这是偶然的现象。古罗马人看来是耿直、诚恳的人，现代土耳其人也是一样。不过若是我们必须假定这种事情的发生具有固定原因，我们只能由此作出结论：各极常易并发，殊途每可同归。背叛、变节常与愚昧、野蛮为伴，而文明国家如果搞阴谋和不正派的政治，必然是由于过分优雅所致，因而蔑视朴实与平直地走向权力和荣誉的途径。

征服大多由北而南，有人因此推论，北方民族更为强悍凶暴。不过，更为公正的说法是：征服大多是由贫困匮乏之民侵略丰足富裕之民。撒拉逊**人离开阿拉伯沙漠向北进军，想要征服罗马帝国的全部肥沃省份，中途与土耳其人相遇，而土耳其人则是从不毛的鞑靼沙漠南下的。

一位杰出的作家[①]曾经说过：所有勇猛的动物同时也是食肉的动物，因而像英国人这样食肥鲜、饮烈酒的人民按理应比别的国家那些半饥饿的老百姓更为勇敢。不过瑞典人尽管在这方面处于不利地位，但其勇武并不亚于世上从古至今的任何民族。

我们可以看到：在各种民族的素质中，勇敢精神一般说来是最靠不住的，因为它仅偶尔发挥出来，而且在每个民族中都是由少数人体现的，而勤劳、知识、文雅则可经常和普遍应用，经过数个世代还可成为全体人民的习惯。可是要保持勇敢，却需依靠纪律、榜样

---

* 佛兰德人即佛兰德斯地区的人。佛兰德斯在欧洲西北部，包括今法国西北部之一部分，比利时的东西佛兰德及荷兰的西南部部分地区。——译者

** 撒拉逊，希腊人和罗马人对十字军东征时所遇的阿拉伯人或伊斯兰教徒的称呼。——译者

① 见威廉·坦普尔关于荷兰的记述。——作者

和信念。恺撒的第十军团和法国的皮卡尔迪团都是由各类公民混合编成的，然而一旦抱有自己是最好的在役部队的看法，这种看法本身就使他们真正成为世上最好的部队。

为了证明勇敢是怎么决定于看法，我们可以看看希腊的两个主要部族，多利安人和爱奥尼亚人。前者经常被认为，而且经常表现出比后者更勇敢，更有丈夫气概。不过这两个部族的殖民地却互相穿插，散布在整个希腊、小亚细亚、西西里、意大利和爱琴海中的岛屿上；而在爱奥尼亚人中唯有雅典人曾以勇敢或军事成就闻名，不过即使是雅典人也被认为不如多利安人中最勇敢的斯巴达人。

关于不同地带的人们存有差异的问题，唯一有分量的看法是一种粗俗的结论：北方地区的人民更为嗜好烈酒，南方地区的人民则更喜欢谈情说爱、更喜欢女人。这种差异可以用一种可能是正确的物质原因加以解释。葡萄酒和白酒可以温暖较冷地带人们受冻的血液，保护人们不受气候的危害，正如在日照甚烈的国家，温暖的太阳热可以加速血液流动，燃起两性之间的激情。

或许，这种情况也可以用精神的因素来解释。北方地区烈酒稀少，因而更为人所垂涎。戴奥多勒斯·西克鲁斯告诉我们：在他那个时代，高卢人都是酗酒之徒，沉溺于饮酒。[①] 我想，这主要是由于酒很稀少并且是新鲜东西。另一方面，南方地区炎热，迫使男人和女人半裸着身体走动，因而使他们之间的频繁交往更带危险

① 见其书卷五。同一作者还说到高卢人沉默寡言。这是民族性格可以变化的一个新的证明。沉默寡言作为民族性格意味着厌恶交往。亚里士多德在其《政治学》卷二第二章中说：高卢人是唯一的好战而又不喜欢女人的民族。——作者

性，易于燃起相互之间的激情。这使得父母和丈夫更为猜忌和保守，并进一步燃起男女间的激情。更不必说南方地区女人成熟较早，必须加倍提防和关心对她们的教育。因为一个十一二岁的女孩，显然不能像感受不到这种激情的人一样谨慎，难于克制这种感情，在十七八岁以前她是做不到的。没有什么比舒适和悠闲更能助长男女之爱了，没有什么比勤勉和艰苦劳动更能摧毁这种感情。由于温暖地带人们的生活需要显然少于寒冷地带的人，仅仅这一情况就能使他们之间在性格上具有很大差别。

不过，断言自然使得不同地带的人们由于精神或是物质的原因天生具有各自的倾向，也许并不符合事实。古希腊人虽然生长在温暖地区，看来也很好酒。他们的欢乐聚会不过是男人之间比赛饮酒而已，这些男人完全离开女性消磨自己的时间。当亚历山大率领希腊人进入更南面的波斯时，他们模仿波斯习惯方式，加倍放纵，狂饮滥醉。在波斯人中，酗酒是非常光荣的。当小居鲁士恳求严肃的斯巴达人援救自己，对付其兄弟阿达克塞克塞斯时，他列举了自己的许多卓越品德作为理由，主要是说自己勇敢、慷慨和善饮（普鲁塔克：《列传》，卷一，第四章）。大流士一世令人在他的墓碑上刻字，说自己酒量无人能比，以此作为自己的一项美德和帝王品格。如果你给黑人一些烈酒，便能从他们手中得到任何东西。只要一箱白兰地，即可轻易地劝诱他不仅卖掉自己的儿女，甚至卖掉自己的妻子和情人。在法国和意大利，除非在最热的夏天，很少有人饮白酒；而到了最热的时候，几乎必须喝点白酒，这是为了恢复被热气蒸发了的精神；正如在瑞典，为了温暖被严寒冻凝了的身体，也必须饮酒。

如果把嫉妒看作是多情的证明，没有谁比莫斯科人更嫉妒了，在未与欧洲交往从而在这点上风俗有所改变之前，他们可说是最易嫉妒的人。

假设上述事实是真的，大自然由于物质的原理已彻底地分配了这两种感情，即将前者赋予北方居民，将后者赋予南方居民，那我们只能由此推论说：气候可以影响我们身上迟钝的和更多是肉体的器官；但却不能由此推断：它对于作为心灵和悟性运转基础的敏锐器官也有影响。这与自然界的某些类似现象是一致的。精心培育的动物，其品种绝不会蜕化，特别是马，从其形态、神情和奔驰速度上总是可以看出其血统。但纨绔子弟也能生出哲学家，有德之士有时也会留下不肖子孙。

我将以如下看法结束本题：嗜酒虽较男女之爱更为野蛮，更能贬低人品，但如恰当节制，却是产生温文、高雅风度的泉源。不过这并不会给南方地区带来多大优势，像我们初始所易于想象的那样。男女之爱超过一定限度就会使人嫉妒，从而割断两性之间的自由交往，而这种交往通常却是一个民族文明之所系。在这个问题上，我们若愿细致讨论和琢磨，我们就可以看到，居住在非常温和地带的人民，最有可能全面发展。因为他们的血液没有炽热到使他们嫉妒如狂的地步，而足够的温暖又使他们能够恰当欣赏女性的魅力和天姿。

十二　谈势力均衡

势力均衡究竟是个完全产生于现代政治的概念，还是仅仅是现代发明的一个词语？这确是一个问题。在《远征记》第一章《居鲁士的制度》中，色诺芬确实把亚洲国家的联合写成是由于忌惧米提亚人和波斯人日益增强的势力。虽然他的这部高雅著作应当完全看作是一部传奇之作，但作者将势力均衡这个观念归之于东方的君主，至少证明这个观念在古代即已盛行。

在希腊政治中，人们显然渴望保持势力均衡，这一点甚至古代的历史学家也已明确指出。修昔底德*（《伯罗奔尼撒战争史》，卷一）认为那个为反对雅典而组成的并导致伯罗奔尼撒战争发生的联盟完全产生于势力均衡这一原则。在雅典衰落之后，当底比斯**人和拉西底摩尼亚***人争夺霸权时，我们发现，雅典人（还有许多别的共和国）总是投入较弱的一方，企图保持势力均衡。他们支持底比斯反对斯巴达，直至埃柏米农达斯****在鲁克特拉大胜斯巴达人。自此以后，他们立即转而支持战败者，假称出于宽宏大

---

* 修昔底德（公元前 460—前 400），雅典历史学家，著有《伯罗奔尼撒战争史》八卷。——译者

** 底比斯，希腊东部古城邦。——译者

*** 拉西底摩尼亚人，即斯巴达人。——译者

**** 埃柏米农达斯（公元前 418—前 362），底比斯将军和政治家。——译者

量，实际是由于嫉妒战胜者（色诺芬：《希腊史》，卷六和卷七）。

谁要是读了德谟斯梯尼*对麦加罗城居民所作的演说，就可看到关于这条原则的最精辟的论述，这是威尼斯或英格兰的思想家接触到的最精辟的阐述。马其顿的势力刚刚兴起，这位演说家立即发现了这个危险，向全希腊敲响了警钟，最后在雅典的旗帜下成立了同盟，在夏洛尼亚**打了那次决定命运的大仗。

确实，历史家认为希腊的战争与其说是政治性的，不如说是竞赛性的；每个邦国考虑得更多的是领导邻邦的荣誉，并不认真期望扩大权势和统治。当时，任何一个共和国和所有共和国比较，居民人数均不多；那时围城攻坚困难很大，而那些贵族中的每个自由民都非常勇敢，训练有素。我们可以断言：在古希腊势力均衡这一原则是有足够保障的，无须像其他时代一样添加保卫。但是，希腊的共和国经常从这一方转到另一方，这种情况不论我们称之为嫉妒性的竞赛，抑或称之为慎重的政治，效果都是同样的。每一个占据优势的强国必然会遭到一个联盟的反对，并且经常是由它原先的友国和盟邦组成的。

这条原则，不管叫作妒忌或是叫作谨慎，在雅典产生了贝壳放逐法，在叙拉古产生了花瓣放逐法；他们把每一个声望或权威超过其他公民的人一样驱逐出境。这同一原则自然会在对外政治关系中体现，并迅即把原来的敌人捧为盟主，尽管它所能发挥的权威颇为有限。

波斯的君主与希腊各共和国相比，其力量实际上不过是个小

* 德谟斯梯尼（公元前384—前322），雅典演说家和政治家。——译者

** 夏洛尼亚位于希腊东中部。公元前338年，马其顿的腓力普二世在此击败雅典和底比斯联军，从此希腊沦于马其顿统治之下。——译者

君王。因而他更多地从安全的观点考虑而不是从竞赛的观点考虑，感到应当参与希腊人之间的争斗。他们总是支持较弱的一方。这是阿尔西比亚达斯*对蒂沙弗尼斯**的忠告。这种做法使波斯帝国延长了近一个世纪之久（修昔底德：《伯罗奔尼撒战争史》，卷八）。直到雄才大略的腓力普***崛起之后，波斯人一时忽视了这项原则，遂使他们高大而又脆弱的帝国大厦转瞬之间夷为平地，崩垮之速，在人类历史上少有类例。

亚历山大大帝的继承者对维持均势表现甚为关注，这种关注建立于现实的政治和谨慎之上，它使得在这个伟大征服者死后所形成的国土分治保持数代之久。安提诃一世****的财富和野心曾使均势受到威胁，当时有可能再建一个统一的大帝国（戴奥·西克鲁斯：《历史》，卷二十）。不过他们联合起来，在伊普索斯*****打了个大胜仗，终于转危为安。自此以后，我们看到，东方的国君们认为在他们所需要对付的人中，只有希腊人和马其顿人具有军事力量，因而始终警惕地注视这一地区。特别是托勒密人******，首先支持阿拉特斯*******和阿开亚人，后来支持斯巴达王克利奥门斯，其目的无非要以他抗衡马其顿的君主，此即波利比阿关于埃及政策

---

* 阿尔西比亚达斯，公元前5世纪时的雅典政治家。——译者

** 蒂沙弗尼斯，波斯将军和外交家，大体上与阿尔西比亚达斯同时，将波斯人引入伯罗奔尼撒战争，支持斯巴达反对雅典。——译者

*** 腓力普（公元前382—前336），马其顿王，亚历山大大帝之父。——译者

**** 安提诃一世（公元前380—前301），亚历山大大帝的部将，后为马其顿王（公元前306—前301）。——译者

***** 伊普索斯，位于小亚细亚，在今土耳其。——译者

****** 亚历山大大帝死后，部将托勒密在埃及建立托勒密王朝。——译者

******* 阿拉特斯（Aratus），希腊西西恩人，公元前251年任阿开亚联军总司令，战胜马其顿王安提诃二世，收复整个伯罗奔尼撒半岛。阿开亚人（Acheans），古希腊主要居民，居住在伯罗奔尼撒半岛。——译者

的记载(《通史》,卷二,第五十一章)。

为什么有人认为古人完全不懂势力均衡的原则,这一推论看来主要得自罗马的历史而非出于希腊的历史。一般说来,我们较为熟悉前者的历史,因此作出了自己的一切结论。必须承认:在罗马人迅速对外征服和野心毕露时,从未遇到邻邦联合一起或结成联盟来反对自己,但他们居然兵不血刃地征服了一个又一个邻邦,将统治领域扩大到当时整个的已知世界。我们更无须列举传说中的意大利的战争历史。当汉尼拔侵入罗马国家时,那里显然存在巨大的危机,这些危机本应吸引所有文明国家的注意。后来情况表明(当时也不难看出①),这是一场争夺世界霸权的斗争,然而当时竟无一个国君或国家对这个事件或斗争的后果有所警觉。马其顿的腓力普保持中立,直至看到汉尼拔取得一些胜利。于是极为不慎地与战胜者结成联盟,并订立了更为不慎的条款。他打算协助迦太基征服意大利,然后指望迦太基人派兵进入希腊,帮助他征服希腊共和国联邦(李维:《罗马史》,卷二十三,第三十三章)。

古代历史学家均盛赞罗得和亚该亚共和国的明智而正确的政策,然而二者都帮助罗马人打腓力普和安提奥库斯*。还有一个可以认为是更有力的证明,表明在那些时代,这条原则并未得到普遍承认。古代作家中居然没有人说这些做法不谨慎,甚至没有人提到上述腓力普和迦太基人所签订的荒唐条约。各个时代的国君

① 从瑙帕克图姆的亚偈西劳在希腊各邦全体大会上的发言来看,当时有些人已经看到了这点。——作者

* 安提奥库斯(公元前223—前187),叙利亚国王。——译者

和政治家对于事态的发展事先可能观察不清，理解不透，但历史家事后居然未能对之作出正确的判断，则实有些异常。

马西尼萨*、阿塔乌斯**、普鲁西尔斯***为了满足一己私欲，都成了伟大的罗马的工具。他们从未想到，当他们加速盟邦败亡的时候，即是在铸造自己的锁链。马西尼萨和迦太基只要签订一项彼此利益均极需要的简单条约，就可完全阻止罗马进入非洲，从而保障人类的自由。

在罗马史中，我们所看到的唯一懂得势力均衡原则的君主看来是叙拉古王希埃罗。他虽是罗马的盟国，却援助迦太基和罗马的外国援军作战。据波吕比乌说："他认为迦太基的安全对于保持他在西西里的统治，对于保持罗马的友谊，都是很必要的；否则，迦太基一垮，剩下的强国就可以毫无阻挡地为所欲为了。他做得很明智、很谨慎，因为不论在任何情况下，这都是绝不容忽视的，绝不应让一个国家握有过大力量，使得相邻诸国无法相抗，无法保护自己的权利。"（《通史》，卷一，第八十三章）这段话以明确的语言指明了现代政策的目标。

简要地说，保持均势的原则是建立在共同的理性和明显推理之上的。古代人不可能对之全不了解。我们发现在其他问题上许多事实都表明他们具有深刻尖锐的洞察能力。如果这项原则当时不像现代一样普遍为人知晓和接受，它至少对所有较为明智和富

* 马西尼萨（公元前 258—前 148），马西利亚国王。——译者

** 阿塔乌斯，小亚细亚帕加马之王，协助罗马反对塞琉西王朝。——译者

*** 普鲁西尔斯为小亚细亚俾斯尼亚国王，与罗马人勾结，准备出卖在该国避难的汉尼拔，汉尼拔因而于公元前 183 年自杀。——译者

有经验的国君和政治家是有影响的。而在现代，即使善于思考的理论家都熟悉和接受了这项原则，但在实践中，在那些统治世界的人物中，它的权威较前并未扩大许多。

罗马帝国灭亡之后，北方征服者建立的政府体制在很大程度上使之不能进一步扩张，每个邦国都长期维持着原有的疆界。但当采邑和封建军阀制废除后，由于许多王国都被查理大帝一人统一，人类又面临重新建立统一的大君主国的危险。可是奥地利王室的权力却建立在广阔而又分散的领地之上，他们的财富主要得自于金矿和银矿，因而是由于内部缺陷而自行衰亡，而不是难于粉碎四周敌国的围困。不到一个世纪，这个强暴而高傲的种族的势力崩溃了，财富挥霍了，光荣消失了。一个新的强国继之而起*，对于欧洲的自由构成更大威胁，它除了有奥地利王室长期所喜欢的而且至今仍然不舍的偏执和迫害情绪之外，还具有前者的一切优势而全不受其缺点的影响。

在各国反对这个野心勃勃的强国的全面战争中，大不列颠一直站在前列，并且现在仍然坚持着它的阵地。除了国家富裕和地理位置有利，英国人民还富有民族精神，充分意识到自己的政治体制的优越，因而我们可以指望在这种正义和必需的事业中，他们的力量永远不会衰竭。恰恰相反，假如允许我们从过去情况判断，他们的热情看来需要加以节制。他们的错误常常更多地产生于值得赞扬的过分的热情，而较少产生于应受谴责的热情不够。

---

* 指法兰西帝国，当时在波旁王室统治下（1589—1793），企图独霸欧洲，大肆向外扩张。——译者

一，我们看来深受古希腊人嫉妒的竞赛精神的影响，甚于受现代政治谨慎观点的启迪。我们与法兰西的战争是正义的，甚至也许是必需的，但经常由于自己的固执和偏激而走得过远了。迟至 1697 年方始在卢斯威克*达成的和平协议，对方早在 1692 年就提出来了。1712 年在乌得勒支**结束的战争，本可于 1708 年在格特鲁滕堡以同样好的条件了结。1743 年我们在法兰克福本来可以提出我们于 1748 年在爱斯拉-沙伯***所乐于接受的条件。可见我们与法国进行的一半战争以及我们的全部债务主要由于自己狂热不慎，而不全是由于我们邻国的野心所致。

二，我们公然宣布反对法国的势力，急于保卫我们的盟国，以致他们常把我们的武力当作是自己的武力，期望我们负担所有战争费用，拒绝订立合理提供后勤供应的一切协议。他们正如古语所说："用人时，完全当成是自己的；对待时，却当作外人。"全世界都知道我们上届议会下议院所作的派性表决，以及当时我们民族公开表明的情绪，使得匈牙利女皇坚持她的条件，阻碍与普鲁士达成协议，而这种协议本来可以立即恢复欧洲的全面安宁。

三，我们是真正的斗士，一旦投入战斗，就不顾及自己的一切，也不顾及子孙后代，只考虑如何最能伤害敌人。在一些我们不过是国外援军的战争中，居然将自己的公共收益作抵押，高利向人

* 卢斯威克，荷兰海牙近郊小镇。——译者

** 乌得勒支，荷兰中部城市，阿姆斯特丹运河沿岸的重要港口。有古老的大教堂和大学。1713 年 4 月西班牙王位继承战争各参战国（主要是英、法）在此开会签订和约。——译者

*** 爱斯拉-沙伯即亚亨，在普鲁士莱茵省。——译者

贷款，这对一个自称懂得一些政治和谨慎的国家来说，肯定是所曾犯过的最大的致命错误。这种筹款的济急之方，即使可以标作是济急之方而不是毒药，从一切道理来看，都应当留待最不得已的极端情况下使用，除了最大的、迫在眉睫的灾难之外，一般的灾祸均不应使我们采取如此危险的应急之方。

我们已经实行的这些过头的做法是有害的，而且由于通常所产生的相反的极端，这种过头做法到时候或许可能成为更加有害的其他方法，使我们完全不去关心和安于欧洲的厄运。雅典人在希腊人中最为活跃、狡狯和好斗，当他们发现自己卷入每场争斗是错误时，就转而完全不再关心国外的事务，除了奉承赞扬胜利者外，在任何争斗中不参加任何一方。

庞大的君主国可能破坏人性，不论在其发展时期、持续时期[①]以及甚至在其衰亡时期都是如此；而其衰亡之日距其创建之时绝不会十分遥远。那些扩大君主国土的军事天才常常不久就离开宫廷、首都和政府的核心。战争总是在远处进行，国中只有少数人对之感兴趣。对君主怀有亲附感情的古代贵族全部住在朝中，从不愿接受军事任务，害怕奔赴遥远和野蛮的边疆，远离宫廷的欢娱和个人的财产。因而国家的武装不得不托付给雇佣的外兵，他们既无爱国热忱，亦无亲附之情，更无荣誉之感，随时可能背弃国君，投入提供酬赏、允许劫掠的亡命叛徒一边。这是人类事务发展的必然进程，人性就是这样在浮沉动荡中检测自己的。野心就是盲目

① 如果说罗马帝国具有有利条件，只是由于以下原因：在它建立之前，人类普遍处于混乱和未开化的状态。——作者

地使得征服者、他的家族以及他所亲近珍爱的一切事物统统毁灭。波旁王朝，由于信赖他们的勇敢、忠实和得宠的贵族的支持，无克制、无限度地扩大自己的利益。而这些贵族在受到荣誉、竞争激励之时，尚能忍受战争的辛劳与危险，但绝不愿披甲带戈戍守在匈牙利和立陶宛等地，为宫廷所遗忘，成为那些亲近国王的宠臣和情妇的阴谋勾当的牺牲品。军队里尽是克劳维茨人、鞑靼人、匈牙利人和哥萨克人，可能还杂有少数来自较好省份的兵痞。于是罗马皇帝的可悲命运由于同一原因再次重现，直至这个君主国完全消亡。

十三　关于某些异常惯例

我准备评述一下三个有名的政府的三种不寻常的惯例，并拟概括有关情况作出如下结论：确定普遍的政治准则，应当慎之又慎；在精神领域和物质世界中经常可以发现无规律的和异常的现象。对于前者，当其出现后，我们也许可以从人人皆有的动机和原则较好地加以解释，这就是每个人身上的或观察到的强烈的自信和信心，但这些现象往往不是人类的谋虑所能预见或预言的。

一，人们总是认为：每个议事的最高会议或议会的实质在于，每个成员都应有发言的完全自由，会议应当采纳一切有助于阐明讨论之点的提议和论证。人们总是更为肯定地断言：一项提议经过具有立法权力的议会表决通过之后，原提议人将来必然永远不会因此受到审问。至少应当保证他不会受下级机构的审判，只有以后举行的最高立法议会可以使他对他们自己通过的那些提议和发言负责。初始看来，没有什么政治准则比这更无可争议了。然而这些不言自明之理，不管看来多么无可非议，由于一些看来几乎是必然的原因和主见，在雅典的政治中，却全都丧失了作用。

根据雅典《违宪倡议惩治法》（λραφη παραλομων）的惯例（不过这个名词古物收藏家和评论家都未提及过），任何人提议的法律通过之后，如果普通审判法庭认为该法不公正或有害于公众，即可对原提议人进行审判和惩罚。例如：德谟斯梯尼发现造船费摊派不公，穷人和富人的负担相等；经他提议通过了一条非常有益的法律，改正了这种不公平的情况，即按照个人的收入和收益的多少派款。他向议会提出这条法律，论证了其优点[①]，说服了雅典当时唯一的立法者，人民。法律通过后并付诸实施。但他后来却因这条法律受到刑事法庭的审判。这是由于富人提出了控诉，他们憎恨他在财政方面所引进的变革（德谟斯梯尼：《为克忒息丰辩护词》）。不过实际上他被判无罪，因为他再次证明这条法律是有益的。

克忒息丰在人民大会上提议以特殊荣誉授予德谟斯梯尼这样一位对共和国卓有贡献的亲爱公民。人民被他说服了，通过了授予这些荣誉。然而克忒息丰后来却因此受到这种指控和审讯。他们断言：德谟斯梯尼问题不少，不是一个好公民，不是值得共和国珍爱的人。于是演说家被召来为朋友辩护，当然也是为自己辩护。他的辩护词极为雄辩有力，一直为世人赞颂。

夏洛尼亚战役之后，根据希佩里德斯[*]的提议，通过了一项法律，给予奴隶以自由，吸收他们参加军队[②]。这位演说家后来由于提出这条法律而被指控，援引的就是上述《违宪倡议惩治法》。他列举许多道理为自己辩护，特别是说了那段为普鲁塔克和朗吉努斯所称颂的成功之处：“提出这条法律的”，他说，“并不是我，而是战争的必需，是夏洛尼亚的战事。”德谟斯梯尼的演说词有很多与

① 他的演讲词《论非常税纳税人团》现仍留存。——作者

* 希佩里德斯（公元前4世纪），雅典政治家和演说家，支持德谟斯梯尼反马其顿的方针，雅典战败后于公元前322年被杀。——译者

② 在普鲁塔克的《十八演说家传记》中，德谟斯梯尼关于这项法律的叙述有所不同（见《驳阿里斯塔吉通，演词二》）。他说：该法律旨在恢复那些被宣布不能担任官职的人的权利。也许它们都是同一法律的两个条款。——作者

这种性质的审判有关，这明显地证明，此类事当时屡屡发生。

雅典的民主政治是一个极为混乱的政体，我们从现代世界的概念很难想象。每条法律都由全体人民表决通过，表决权不受财产限制，没有地位的区别，也不受行政长官或议事会的监督①，当然也就谈不上什么秩序、公道和慎重了。雅典人很快就意识到这种体制的危害性，但他们不愿自己受任何条规的限制，而是决定至少要约束一下那些蛊惑人心的政客，让他们害怕将来会受到惩罚和审查。他们因而制定了这项不寻常的法律，即一项他们认为是自己政府体制所必需的法律。埃斯基涅斯*坚持认为：如果这条法律被废除或被忽视，雅典的民主就不可能持续。他认为这是人皆熟知的真理。②

人民并不害怕刑事法庭的权威会产生危及自由的任何恶果，因为法庭不过是为数很多的陪审员而已，这些陪审员都是以投票的方式从人民中选出的。而他们也恰当地认为自己始终处于学习阶段。在他们能够推理判断时，不仅有权撤销和控制一切已经作出的决定，而且还可以惩罚任何劝说他们通过某些不当法案的监

① 豆选议事会议只是少数一些人，由人民中投票选出，没有多大的权威。——作者

* 埃斯基涅斯（公元前 389—前 314），雅典政治家、演说家、德谟斯梯尼的对手。——译者

② 见《为克忒息丰辩护词》。值得注意的是：在雅典民主为喀里蒂亚斯**和三十僭主破坏后，他们采取的第一个措施就是废除《违宪倡议惩治法》。此事我们从德谟斯梯尼的《论奖赏》得知。这位演说家在这篇演讲中详述了构成《违宪倡议惩治法》这条法律条文的字句（上书第 297 页，Aldi. 版）。他即以我们上述道理解释这条法律。——作者

** 喀里蒂亚斯，雅典演说家和政客，公元前 5 世纪人，苏格拉底弟子之一。后被斯巴达指定为统治雅典的三十人团成员。——译者

护人。在底比斯也存在着同样的法律，而且是出于同样的原因（普鲁塔克：《佩洛皮达斯传》*）。

雅典看来常有这种做法，在制定了任何被认为是很有益或很受欢迎的法律时，永远禁止撤销或再议。

这样，煽动将所有公共收益都用来显示豪华、大摆场面的政客，可以使得别人即使再议一下这种决定也都成为犯罪的事（德谟斯梯尼《Olynth. 1，2》）。这样，莱普泰恩**提出一项法案，不仅撤销了所有以前通过的豁免令，并剥夺了人民以后再次授予这种豁免的权利。这样，剥夺公民权的（德谟斯梯尼：《驳莱普泰恩》）或仅仅影响个别雅典人而不能扩及整个共和国的法律都被禁止。这些荒唐的条款乃是由于人民普遍意识到自己的轻浮和反复无常而制定的，是立法机关想用来永远约束自己的徒然的立法尝试。

二，我们在德意志帝国所看到的复杂结构，沙夫茨伯里爵士***认为是政治上的一种荒谬。不过对于那种管理同一政治机器的两个平等的机构，它们互不牵制、互不控制，或互不隶属而又能保持最大的和谐一致，我们又怎么评说呢？让我们建立两个不同的立法机关，各自具有充分的和绝对的权威，通过决定时无须另一方的支持，用以证明其决定的合法性；这初看起来似乎是完全不现实的，只要人类还受野心、好胜、贪婪这类一直在支配着他们的感情的驱策，此事看来是行不通的。假若我竟宣称我见到一个国家已分裂为两个不同的派别，每派各在一个不同的立法机构内占优

* 佩洛皮达斯（公元前？—前364），底比斯将军。——译者

** 莱普泰恩，雅典政治家和学者，苏格拉底的信徒。——译者

*** 见沙夫茨伯里：《论机趣和幽默的自由》，第三章，第二节。——译者

势,然而这两派独立力量之间却不会产生冲突;这种假设看来难以令人相信。假若我为了夸大这种似非而可能是的说法,竟然宣称这个互相脱节和不正规的政府乃是有史以来最有活力、无往不胜、成就辉煌的共和政府,人们一定会告诉我们:这样一种政治怪物和任何僧侣或诗人的幻想一样荒谬。可是为了证明上述假设的真实性,我们无须多费时间查找例证,罗马共和国的情况确实就是这样的。

罗马立法权由百人团大会和平民大会分享。大家都知道,在百人团大会中,人民按人口数字投票表决,因而当第一等级富人意见一致时,尽管他们人数也许不到共和国人口的百分之一,也能决定整体的事,加上元老院的权威,即可制定法律;而在平民大会中,每票效力相等,也不需要元老院的权威,因而下层人民完全占据优势,可以制定全国法律。当时全国充满党派之争,首先是在贵族与平民之间,后来是在贵族与庶民之间;贵族的利益支配着第一立法机构,而民主则在第二立法机构中占据统治地位,一方常能推翻另一方的决定。不仅如此,一方还能突然提出对方预见不到的法案,抢在对方之前表决通过,从而完全压倒对方,因为按照当时的体制,这种表决是具有充分法律权威的。可是在罗马历史中竟看不到这种斗争,找不到这两个立法机构之间互相争斗的事例;不过,各自控制着一个立法机构的两派之间却有不少纠纷。这种和谐,看来很不寻常,究竟从何而来?

塞尔维·图里乌斯*在罗马建立的立法机关叫百人团大会。

---

* 塞尔维·图里乌斯(Servius Tullius,公元前578—前535),传说中的罗马第六位国王,在位时曾进行如下改革:按财产多寡,将罗马居民划为五个等级(无产者即普罗列塔里亚不列入等级),设百人团大会,作为最高权力机构。第一等级富人在其中占绝对多数。这项改革是罗马社会从氏族社会向奴隶社会过渡的标志。——译者

在国王们被驱除之后，这种机关使得政府在一段时间之内变成极端的贵族寡头政治。但人民一方，由于人多力量大，并受到对外战争中多次胜利的鼓舞，在被迫走上极端之时，总是能够占据上风，首先从元老院夺得护民官之职，后来又取得平民大会的立法大权。于是贵族们认为必须较前更为谨慎地行事，避免惹怒人民，因为后者除了一贯拥有的力量外，现在又拥有立法权力，可以一举粉碎任何直接反对他们的阶层和机构。贵族们依靠阴谋手腕、声势、金钱、内部联合以及社会对他们品格的尊重，仍常能取得优势，操纵整个政府机器。不过要是他们使百人团大会与平民大会处于公开对立的地位，就会丧失这一机构对他们的好处，连同其所选出的执政官、军事长官、主管建筑的长官和所有的民政长官均将处于对立地位；而平民大会却无须尊重百人团大会的同样理由，它经常否定有利于贵族的法律，限制贵族权利，保护人民不受压迫，控制元老院和民政长官的作为。遇有矛盾，百人团大会总是感到还是屈从为好，虽然它与对方权威相等，但权力不如对方，怯于直接触怒对方，既不敢否定对方制定的法律，也不敢制定预计对方迅将否定的法律。

可是我们却未发现任何事例显示在这两个议会之间，存在过对立或争执。只有阿庇安[*]在其罗马内战史第三卷中提到过一件略带争执气味的事件。马克·安东尼决定剥夺德修斯·布鲁特斯治理山南高卢之权，他在大广场上大肆咆哮，并召开一个大会，以

* 阿庇安（约95—165），古罗马历史学家，希腊人，在罗马获公民权并任官职，以希腊文著罗马史二十四卷，今存十一卷。他曾指出：土地问题为公元前1世纪“内战”的真实背景。——译者

便阻止元老院召开另一个大会。不过，当时情况异常混乱，罗马的政治体制已接近彻底瓦解，从这项应急措施很难作出什么结论。而且这种争执多属形式之争而非党派之争。当时元老院召开百姓大会乃是为了阻止百人团大会开会，而根据罗马体制或者至少根据政体的形式，只有百人团大会能够处理各省的问题。

西塞罗虽由平民大会驱逐出境，即由全民表决驱逐，却由百人团大会召回。不过我们可以说他的驱逐从来没有被认为是合法的，是依据民众的自由选择和倾向作出的决定。人们通常把这一点归于克洛狄乌斯*个人的暴行以及他使政府陷入混乱的结果。

三，我们打算评说的第三种惯例与英国有关，它虽然不如已经指出的雅典和罗马的惯例那么重要，但也很奇特，出乎意料。政治上有一条大家认为是无可争议和普遍适用的箴言：通过法律授予高级官员的权力，不论这种权力多么大，它对于自由的危险，总是小于强夺和篡夺的权力，即使这种权力很小。因为法律总是对所授予的每种权力给予限制，而且同意接受所授权力这个事实的本身就树立了授权者的权威，保持了该体制的协调一致。而不经法律手续获得一项特权之后，又可以要求另一项权力，而且要求一次比一次便利；第一次篡夺的权力既可成为以后篡权的先例，又可成为继续篡权的力量。这就是为什么大家认为汉普登的行为英勇可佩，他宁愿遭受宫廷起诉所施加的全部狂暴迫害，也不缴纳未经议会通过的二十先令税款。这就是为什么所有的英国爱国者均十

* 克洛狄乌斯，罗马贵族政治家，公元前 68 年发动亚洲兵变。曾在宗教节日毒杀女人。公元前 52 年因西塞罗起诉被杀。——译者

分警惕防止王室初次侵犯法制。这就是为什么唯独英国的自由能够保持到今天。

不过有一个情况是议会偏离了上述箴言，这就是在强征海员的时候。这时议会默认英王可以行使一种不正常的权力。国人虽然经常在考虑如何使这种权力合法化，作出恰当限制后正式授予国王；但总是提不出适用的万全之策，而对于自由的危险看来来自法律多于来自篡权。当这种权力仅用于充实海军兵员而不是用于其他目的时，人们乐意服从，认为这是必要的、有益的。唯一受到影响的水手们也找不到什么人支持他们，只是要求法律一视同仁地授予所有英国子民的权利和特权。但是只要这种权力在任何情况下变成了派别斗争的工具或大臣的暴政，那么对立的派别以及一切真正的爱国者，都会立即警觉起来，支援受害的一派。人们将坚持英国人的自由，法官们不会宽恕这种恶行，而违反法律和公道的走卒一定会受到最严厉的惩处。另一方面，如果议会正式授予这种权力，他们很可能会要陷入如下两种困境之一：要么在授权的同时施加许多限制，束缚国王的权力，使之毫无效用；要么授予过大过全的权力，使之可以大肆滥用，在这种情况下，人民要本无法补救。目前实行强征的非正规性却可防止这种滥用，提供了一种非常简易可行的补救办法。

通过这种论证，我并不是要求排除既能充实海军兵员又不危害自由的设法登记海员的一切可能。我仅仅是说迄今尚未提出一种令人满意的解决办法。看来我们宁愿实行一种似乎极为荒谬和不可解释的做法，而不愿采用任何新创的方法。在这内部完全安定和和谐的时期，居然存在力能对抗法律的权威；在人民十分嫉妒和警惕的情况下，居然容许国王不断违犯法律；不仅如此，这种违法行为甚至还是从这些原则来的：在一个最自由的国度里，自由已全无保障，毫无尊严，不受任何保护。在人类最文明开化的社会里，野蛮状态又重新出现；强暴和骚扰竟不受惩罚；一个党派呼吁人民服从最高首领，而另一派居然要求国家根本大法予以认可！（这种做法，自1869年废除以来已经很久）

十四　论原始契约

在现在这个时代，没有哪个党派能够很好证明附加到它的政治主张或实践中去的哲学体系或理论原则体系。因此，我们发现，这个国家所分成的派别各自编造了一个哲学体系，用以维护和掩饰它所执行的行动计划。人民通常是笨拙的营造者，在理论方面尤为笨拙。特别是当他们为党派狂热所激发时更为拙劣。当然可以想象，他们的作品必然有些偏畸，明显地暴露出狂暴和草率的痕迹。这一个政党将政府的产生溯源于神，企图使之神圣不可侵犯，不论它变得如何暴虐，即使在最小的问题上触犯一下也是罪孽深重，无异于亵渎神灵。另一个党派认为政府完全建立在人民许可的基础上，他们假定有一种原始契约，人民通过这种契约不言而喻地保留了随时抗拒君主的权力，只要他们发现自己受到了君权的伤害，而这种君权乃是他们自己出于某种目的，自愿托付给君主的。这些就是两个党派的理论原则以及从中推导出来的实际结论。

我想冒昧断言：这两种理论原则体系都可说是公正合理的，尽管这不是就这些党派的意图的意义而言；而两党对于实际后果的设想都是谨慎的，尽管在他们各自走极端时不能那么说，因为一方在反对另一方时通常总是尽量带着极端的情绪。

神是所有政府的最高权威，是任何承认天命普在、世事均有统一安排、结局必然合理的人都不会否认的。既然人类没有政府的保护就不可能生存，至少不可能舒适而安全地生存下去，那么这种政府机构的存在必定出自那对万物普怀善意的慈悲之神的意旨。其实，在所有的国家和所有的时代，都普遍成立了政府，因而我们可以更为肯定地作出结论：这是出于绝不会为任何事件欺蒙的全能之神的意旨。不过政府的产生不是通过任何特别的或神奇的干预，而是通过隐蔽的和普在的灵应。因此，恰当地说，国王不能说是神的代理人，而只能说既然他的每项权力得自于神，因而可说是在代神行事。既然世上实际发生的一切均在统一安排之中或者说均属天意，因而即使是最伟大、最合法的国君，较之一个低级官员，甚至较之一个篡权者、一个强贼和海盗，亦无更多的理由要求特殊的神圣不可侵犯的权威。同是这位监视一切的神，禀其圣明之意，既将大权授予提图斯*和图拉真**，又以无疑是同样圣明而凡人却难于理解的意旨，授予博贾***和安格里亚以权柄。在每一个国家中，产生王权的原因，同样也是这个国家中每个小法庭和每个有限的权威得以产生的原因。因此，由于神的委托，一个警官可以和国王一样行动，并拥有不可剥夺的权利。

考虑到人们的体力几乎接近相等，甚至他们的智力和智能在未受教育和培养之前也是相差无几的，我们必须承认，最初若不是人们自己同意，没有什么别的东西可以使他们联系在一起，并服从任何权威。政府最初建立于丛林和沙漠之中，假若我们溯本追源

* 提图斯(39—81)，罗马皇帝。79—81 年在位。——译者

** 图拉真(53—117)，罗马皇帝，在位期间为 98—117 年。——译者

*** 博贾，意大利有势力之家族，在 15 至 16 世纪中，有多人任教皇。——译者

的话，可以看到人民是一切权力和管辖权的源泉。他们为了安宁和秩序自觉地放弃天赋的自由，从自己的平辈和同伴手中接受法律。他们愿意顺从这种权威的条件有时明确地表示出来，有时不言而喻，人们觉得无须予以表明。假若此即原始契约，那就不能否定所有的政府最初都是建立在契约之上的，人类最古老和粗率的联合主要是依据这种原则形成的。如果要问这种记载我们自由的宪章记录究在何处，那是徒劳无益的；它没有写在羊皮纸上，也没有刻写在树叶或树皮上，它先于书写文字和其他文明生活技艺。不过我们从人类的本性，从这类生物的所有个体发现均具有平等或某些接近平等的情况可以追溯到它。当今盛行的并建立在海陆军基础上的武力，显然是政治性的，它产生于权力，是建立政府的结果。一个人天生的力量仅在于个人的勇武，绝不足以压服群众使之听从他的驱使；只有众人自己同意，只有当他们自己意识到安宁和秩序的好处，方能产生这种效果。

然而，这种同意甚至在很长时期之内仍然很不完备，不能成为正规的行政管理的基础。一些酋长很可能是在不断进行的战争期间获得势力的，他们主要依靠说服而不是凭借指令进行统治。在他能够使用武力压制叛逆不服之前，社会不能说是达到了文明政府阶段。当时显然没有明确形成普遍服从首领的契约或协议，这种观念远远超越了野蛮人的理解力。首领每次运用权威必然是个别实施的，是当时紧急情况所必需。由于他的干预所产生的可以感觉到的好处，使得这种权威的运用日益频繁；这种频繁在人民之中逐步产生一种习惯性的，甚至是自愿的（如果你喜欢这样说的话），因而也是不稳定的默认。

但是，那些已经参加某一党派的哲学家（如果这种提法没有问题的话），却不满足于这些迂就的说法。他们断言，不仅最初的政府产生于人民的同意，或者不如说产生于人民的自愿默认；而且就是在当今，当它业已达到充分成熟阶段的时候，仍然别无他种基础。他们宣称：人人生而平等，无须效忠于国王和政府，除非是受到自己允诺的义务和认可的约束。由于没有一个人没有某些等价交换就会放弃自己天生的自由而屈从他人的意旨，这种允诺不言而喻始终是有条件的。它对本人并无什么约束力，除非受到君主的公正对待和保护。君主允诺给他这些好处是为了换取他的回报。假若君主不执行诺言，他那一方就破坏了契约的条款，因而解除了臣民方面向他效忠的一切义务。按照这些哲学家的说法，这就是每个政府的一切权力的基础，这就是每个臣民都拥有的反抗的权利。

不过假若这些理论家放眼世界，他们就看不到任何符合其观点的事实，或可以保证如此优美和富于哲理的体系得以存在的环境。恰恰相反，我们发现，每个地方的君主都把臣民当成个人财产，宣称自己由于征服和继承享有不受约束的君权；我们也发现，各地的臣民都承认他们的君主具有这种权力，认为自己生来就有服从某个君主的义务，如同生来就有敬重和孝养父母的责任一样。而且这种关系总是被认为同样无须本人允诺；不论是在波斯还是在中国，是在法国还是在西班牙，甚至在荷兰和英国，只要是上述哲学家的主张没有谆谆宣喻、深入人心的地方，人们都是如此认为的。人们对于服从或隶属已经习以为常，大多数人从不追溯其起源和起因，就像对于重力、阻力原理或自然界别的最普遍的法则一样，懒于探究；即或偶尔好奇，只要他们得知自己或其祖先臣服于这种体制的政府或这个家族已有数个世代之久，甚至从没有记忆的时候起即已如此，他们立即就会默认和宣称自己有效忠的义务。在这个世界的大部分地方，你如果竟然鼓吹政治关系完全建立在自愿同意或相互承诺的基础之上，而你的朋友又没有因为你提出了这种荒唐主张而及时把你当作精神病人关起来，当地的行政长官一定会立即监禁你，认为你在煽动人民不服从。奇怪的是，这种人民意愿的协议，原来设想人人皆已赞同而且是在他们能运用理智之后形成的（否则便不会有什么权威），竟然所有的人对之均不知晓，在整个地球上几乎没有留下任何痕迹或记忆。

不过，这种作为政府基础的契约，叫作原始契约，可以设想由于时代过于久远，它已不为现代人所知。假若这里指的就是最初将野蛮人联系起来，将他们的力量联合起来的那种契约，一般认为它的确存在过。不过由于它太古老，历经千百次政府的变迁和王位更替之后，不能设想它还能保持什么权威。假若我们对这个论点要说什么的话，我们只能断言：每个合法的、臣民对之负有效忠义务的政府最初总是建立在人民同意和自愿的契约之上的。不过这只能假定这种祖辈的同意对于其子孙、甚至对于最遥远的后代仍有约束力（这是共和派作家绝不容许的事）。除此之外，我说，上述观点从未被世上任何时代或任何国家的历史或经验所证实。

几乎所有现存的政府，或所有在历史上留有一些记录的政府开始总是通过篡夺或征伐建立起来的，或者二者同时并用，它们并不自称是经过公平的同意或人民的自愿服从。如果一个狡诈而又勇敢的人当了军队或党派的首领，他甚易建立自己对于人民的统

治地位，有时依靠暴力，有时通过欺诈，统治比他的党徒人数多过百倍的人民。他不允许民众公开交往联系，以免他的敌人确切知道他们的人数和力量。他不让他们有时间连成一体来反对他，因为甚至那些助他篡权的爪牙也可能希望他垮台，但由于他们互不了解彼此的意图，始终惧不敢动，这是他所以安全的唯一原因。许多政府就是依靠这些手段建立和维持的。此即他们可以夸口的原始契约。

地表上的情况在不断变化，小的王国发展成大的帝国，大的帝国分解成许多小王国，许多殖民地陆续建立，一些种族迁居他乡。在这一切事件中除了武力和强暴你还能看到什么呢？何处有那些文人奢谈的什么相互同意和自愿联合呢？

一个国家可以通过联姻或通过遗嘱接受一个外国主子，即使这种最平静的方式，对于人民来说也不是光彩的事，这不过是依据统治者的高兴或利害考虑将他们当作嫁妆或遗产处理而已。

但是，如果没有武力干预，完全由选举产生政府，那么这种大肆吹嘘的选举又如何呢？这不是少数大人物联合起来，决定一切，不容他人反对；便是听凭民众的喜怒，他们一味听从煽动性的头头，而这个头头也许只有十来个人认识他；他之所以得势全凭自己的厚颜无耻，或者由于民众的喜怒无常。

难道这种混乱的和极少举行的选举，竟然具有莫大权威并且是建立所有政府和确定效忠义务的法律依据吗？

其实，最可怕的事乃是旧的政府完全解体，民众因而可以自由行事，由多数人决定或选择建立新的政府。这多数几乎接近全体民众，但绝不可能完全等于全体民众。在这种情况下，每一个明智的人都会希望看到一个统率强大而又有纪律的军队的将军能够乘势夺权，赐给人民一个主人，民众自己是选择不出的。事实和现实与那些哲学概念实在太不相符了。

我们不要为革命时期新建的政府机构所欺蒙，也不要过分珍爱哲学上所说的起源的政府，以免认为所有别的政府均为畸形怪物，不合常规。须知这次革命事件也与那些美好的想象大相径庭，它仅仅是政府的接替，而且仅仅是接替其中的王权部分而已，当时只有这一部分起了变化。这一变化不过是七百人中的多数为将近千万人作出的决定。我确实并不怀疑这近千万人大都默然同意这种决定。可是他们对事态难道有丝毫选择的余地吗？难道不可以公正地认为，从那个时刻起，大局业已确定，任何拒绝服从新君主的人都会受到惩处吗？事态怎么会有什么别的结果呢？

我相信，雅典共和国乃是我们在历史上所读到的具有最广泛民主的国家，然而如果扣除妇女、奴隶和外乡人外，我们就会发现首先是建立政府尔后是投票表决每项法律的人都不到必须服从政府和遵守法律的人数的十分之一，更不要提及他们管辖的岛屿和国外领地了。他们自称这些岛屿和领地是征服得来的，理所当然属于他们。如所周知，雅典城中的民众会议总是充满了放纵和骚乱，尽管设有机构和法律进行控制。如果没有原已建立的政府，而是在古老政府解体后乱糟糟地聚会以便组建一个新的政府，情况必然不知会要更加混乱多少倍？在这种情况下奢谈什么选择，岂不纯属空想？

亚该亚人享有古代最自由最完善的民主，然而他们竟用武力强迫某些城邦参加他们的联盟，这从波吕比乌斯的《通史》可以读到(《通史》,卷二,第三十八章)。

英格兰的哈里四世和哈里七世实际并无继承王位的资格,不过是由议会选举的。然而他们却不愿承认这一点,害怕因此削弱自己的权威。如果说人民的同意和认可乃是一切权力的唯一的真正的基础,这岂不令人费解?

高谈什么所有的政府最初都是或者应当都是尽人类事务之必要建立在民众认可之上,这种说法徒劳无益。说它无益完全符合我的主张。我坚持认为,人类事务的发展绝不会容许这种认可,事实上几乎见不到其踪影;而征服或篡夺,直率地说,即用武力摧毁旧的政府几乎是世上从古到今一切新建政府的起源。即使在少数情况下似乎有人民的同意,但通常是很不正规的,甚为局限,不是带有欺诈就是夹杂着暴力,因而这种认可并不具有多大权威。

我在这里的意见并不是要否定人民的认可可以作为建立政府的一个合法基础,如果当时确有这种认可的话。我只是认为事实上很少出现过任何程度的人民认可,更从未出现过充分的认可。因而必须承认政府另有一些别的基础。

假若所有的人都坚持正义,完全不愿沾手别人的财产,他们就可永远处于绝对自由的状态,不需服从任何行政长官或隶属于任何政治社团。不过,这种完美境界,我们完全有道理认为,不是人性所能企及的。又若所有的人都洞明世事,始终了解自己的利益,那么,除了他们自己同意并经每一社会成员讨论通过的政府之外,他们绝不会服从任何别种形式的政府。但这种完美境界也远远超乎人性之上。理性、历史和经验显示,所有政治社会的起源都不是那么清晰和正规;如果你要确定在公共事务中人民的认可何时最少为人考虑，那准是在建立新政府之时。在业已稳定的体制中，人民的意愿尚可经常受到考虑，但到了狂暴的革命、征战和社会动乱年代，争论通常都由武力或政治手段决定。

在一个新的政府不论是以何种方式建立时，人民通常是对它不满的。他们服从新政府主要出于惧怕与无奈，而非出于忠诚或道义责任感；君主经常存在戒备和警惕，而且必须小心谨慎地对每种叛逆的苗头或迹象严加防范。时间逐渐地消除了这一切困难，使得国民习惯于把他们最初认为是篡夺者或外国征服者的那个家族看作是合法的或本国的君主。为了形成这种看法，他们不能借助于所谓自愿同意或允诺之概念。他们明白，在此种情况下，不能期待或要求有什么自愿同意或允诺。始建的政府是由暴力建立的，民众服从它乃是出于无奈；续继的政府亦由武力支撑，人民之所以默认不是出于选择，而是遵守义务。他们并没有想到是由于自己的同意给了他们君主这一尊称，不过愿意给予这种认可，因为他们认为君主由于长期占有王位已经获得这一尊称，无须他们选择或认可。

假如说每个人可以随时离开君主而又仍然生活在他的治理之下就是默认了君主的权利，就是允诺服从他；那么我们可以回答说，这种隐含的同意只有在一个人想象事情可由他自己抉择的地方才有存在的余地。但他认为（正如所有生长在已建政府之下的人均这样认为）自己生下来就需效忠于某个君主或某种形式的政府，在这种情况下如果还推论人们已经拒绝和放弃的个人的同意或选择，那就是荒谬绝伦了。

对于一个贫困的、不懂外语或外国风俗、靠着微薄工资维持日食的农民或工匠，我们能够认真地说他对于是否离开自己的国家具有选择的自由吗？如果能够这样说的话，那么，对于一个睡梦中被人搬到船上、若要离船则只有跳海淹死的人，我们岂不可以同样宣称他留在船上就表示他已自由同意接受船主的统治。

假如君主禁止他的臣民离开他的领土，如在古罗马提比略时代，一个武士为了躲避皇帝的暴虐企图逃到帕提亚人那边去，被认为犯了叛逆大罪（塔西佗：《编年史》，六卷，第十四章）；或者像古莫斯科大公那样禁止一切旅游，违者处死，那怎么办呢？一位国君如若看到许多臣民都染上了迁居国外的狂热，为了防止本国人口流散，无疑定会理直气壮地进行阻止。制定这样明智合理的法令难道会丧失所有臣民的忠心吗？不过在这种情况下，他的臣民肯定被剥夺了选择的自由。

一群离开本国迁居到荒无人烟地区的人们可以幻想重获天赋的自由，但他们很快就会发现甚至在这新的住地，本国的君主仍然要求占有他们，仍然称他们为自己的子民；而且在这一点上国君的这种做法不过是遵循人类的一般概念行事而已。

在这方面我们所曾见到的最真实的默然同意，乃是一个外国人定居异国而又事先对他所必须服从的国君、政府和法律有所了解。然而他的这种忠顺虽然较为自觉，却远不如天生的臣民，他们的忠顺是更可指望和更可信赖的。相反，原来的国君仍然宣称有权管辖他。如果他为新的国君效劳，在战争中被原国君俘获而又未受惩罚，这种宽容并不是依据市政法律，而是依据原国君的同意。所有国家的法律都会严惩这类被俘的叛逆。原国君之所以同意宽容乃是为了防止报复。

如果人像丝蚕和蝴蝶一样，这一代人一旦离开活动舞台，另一代人接着就上来；新上来的一代，假若他们有选择政府的能力（可惜人类的情况肯定不是这样的），就能自愿地经过普遍的同意建立自己文明的政体，丝毫不必考虑那些在前代人中流行的法律或先例。但由于人类社会始终处于不断变动之中，每时每刻此人脱离尘世，别人又降生入世。为了保持政府的稳定，新人必须适应原有的体制，大体上循着父辈的道路走下去，这条路乃是父辈的足迹踩出来展示给他们的。每一种人类的制度必须进行一些革新，如果这些革新是由先觉的哲人指引，沿着理性、自由和正义的方向变革，则为莫大幸事。但任何个人均无权作激烈革新，立法机构企图作这种革新则更为危险，指望它们只能弊多于利。历史上如若有与此相反的情况，亦绝不能奉为先例，只能作为一个例证，证明政治科学提供的少数惯例没有不是作为例外的，并且没有不是在某些时候受到机遇和偶然事件的制约的。亨利八世*时代的激烈改革，出自于专横的君主，却因产生了立法机构而受到支持；查理一世时代的改革则出自于派别和狂信者；结局证明二者均属好事。但即使前进也长期成为动乱之源，所带来的风险则更多；而后者如果废除那些效忠措施，则人类社会必将完全混乱无主，所有政府均将立即永远告终。

假设某个国家有个篡位者在赶走合法君主和王室之后，建立他的统治达十年至十二年之久，并使自己的军队始终保持着严格

* 亨利八世（1491—1547），英国君主，他与教皇决裂建立英国国教，为了获得公众认可对罗马教皇断绝关系而召集议会。——译者

的纪律，卫戍部队经常处于战斗戒备状态，因而从未发生过叛乱，甚至听不到反对他的街谈巷议，我们能不能据此断定，那些内心憎恨他阴谋篡位的人民仅仅由于必需生活在他的统治之下，已经默认了他的权威并已允诺向他效忠了呢？再假设原来的君主依靠从国外募集的军队复夺王位；人民兴高采烈地迎接他，明白显示他们服从别人的统治实出无奈。我现在想问一下，这位君主的权利究竟建立在什么基础之上？肯定不是建立在人民认可之上的。因为人民虽然乐于承认他的权威，但绝不会想到他是由于他们自己的认可而成为君主的。他们之所以同意是由于他们认为他生下来就已是自己的合法君主。至于谈到那种默然的同意，那种由于他们生活在他的统治之下而推论出来的默认，则和他们原先默认那位篡位暴君差不多。

当我们断言所有合法的政府都产生于人民的同意，这肯定给予了它们远远超过实际应得的荣誉，甚至超过了它们期望和想要从我们得到的荣誉。当罗马领土太广，变得不便于共和国治理的时候，当时整个已知世界的人民都极为感激奥古斯都依靠暴力建立起来的政权，并以同样的心情服从他遗嘱指定的继位者。他们后来的不幸在于从来没有一个家族能长久、稳定地传继皇位。皇位的继承系列不是由于阴谋暗杀便是由于公开叛乱而常被打断。每当一个皇族失势，禁卫军集团就改立新帝，驻守东方的军团另立一个，驻守日耳曼的军团有时再立第三个，争执全由刀剑解决。在这个伟大的帝国中，人民境遇之所以可悲并不在于他们从无选择皇帝的权利，因为这种做法是难于实施的，而是在于他们迄今未能为正常接替的皇帝所统治。至于每个新皇帝所引起的暴乱、战争和流血，则无须多加指责，因为它们是不可避免的。

兰开斯特家族统治这个岛国约六十年，然而白玫瑰*一派的党徒在英国却与日俱增。当前的王室政府已存在更久的时间，前一王室被逐时已达懂事年龄之人，能够承认其统治或曾允诺向其效忠，即使现在仍然活着的也已寥若晨星。纵然如此，认为前一王室仍然有权治国的看法是否已经完全销声匿迹了呢？在这一点上肯定会充分流露出人类普遍的感情。因为我们谴责被逐王室的党徒不仅是由于他们长期保持了自己想象的忠贞，我们谴责他们还由于他们追随一个我们宣称已被公正地放逐了的王室，这个王室从新王朝建立之时起即已丧失了掌权的一切资格。

不过，如果我们对于这种原始契约或人民认可的原则进行更加正确的、至少是更加符合哲学的驳斥，只需摆出下列看法也许就够了。

一切道德责任可以分成两类：

一，由天生本能或直觉倾向驱动所产生的道德责任。这种本能或倾向作用于人，不受一切义务观念以及于公于私究竟有无实利等等看法的影响，属于这种性质的道德责任有：对儿童的热爱，对恩人的感激，对不幸者的同情，等等。考虑到这类人道的本能带给社会的好处，我们自应给予它们以应有的道德认可和评价。但为这些本能所激励的人，首先感到的却是它们的力量和影响而不是上述考虑。

---

* 1455—1485年，英国封建贵族之间发生争夺王位的混战，兰开斯特家族的族徽为红玫瑰，约克家族的族徽为白玫瑰，故称玫瑰战争。兰开斯特家族原来占有王位，他们代表经济比较落后的北方贵族的利益；后者得到经济比较发达的南方大地主和新贵族的支持。结果王位由兰开斯特家族转入约克家族。——译者

二，不是由任何原始本能所支持的，而是完全出于义务感的道德责任。当我们考虑到人类社会之必要时，如果忽视这些责任，人类社会便无法维持。此即公正(即对别人财产的尊重)以及忠实(即信守诺言)之所以形成道义责任并对人类具有一种权威。显然，由于每个人爱己胜于爱人，他自然会全力以赴地尽可能增加他的收益；除了理性和经验，别无什么可以约束这种倾向。理性和经验使他明白贪得无厌的危险后果，使他明白这样必然会导致整个社会的彻底瓦解。因此，后天的判断或考虑就遏制和约束了人的原始倾向和本能。

在这种实情上，公正和忠实的自然义务如此，政治或公民的效忠义务也完全如此。我们的原始本能引导我们不是走向无限制的自由放纵，或者说去寻求统治他人，而是只去思考为了社会安宁和公共秩序使我们放弃这种强烈的欲望。少量的经验和观察就足以教导我们，没有行政长官的权威，社会就无法维持，而不严格服从长官，则这种权威必将迅即为人蔑视。对这些共同的、明显的利益的尊重是产生一切效忠和我们称之为道德责任感的源泉。

既然效忠和忠诚看来是明确无误地建立在同一基础之上，而且二者之所以为人们遵循是由于人类社会的明显利益和必要，那我们究竟有什么必要将效忠的义务，或者说对长官的服从建立在守信或尊重诺言的基础之上，并假定每个人之服从政府是由于他个人的同意呢？据说，我们必须服从自己的君主是因为我们已经作出了这种允诺。然而我们为什么一定要遵守自己的诺言呢？在此必须提及商业和人类之间的交往，它们对人类有莫大好处，然而如果人们不尊重自己的契约，则它们将无任何保障。同样可以说，如果没有法律、行政长官和法官一起阻止强者侵犯弱者，阻止狂暴者欺凌公正讲理者，那么人们在社会中，至少在文明社会中，根本活不下去。效忠的义务和忠诚的义务具有同样的力量和权威，我们使前者变成后者并无什么好处，社会的普遍利益和必要足以同时使二者建立起来。

如果有人问我们为何必须服从政府，我可以立即回答说：这是因为不如此则社会无法生存下去。这个回答对于所有的人都是明白易懂的，而你却说这是因为我们应当遵守自己的诺言。没有哲学头脑的芸芸众生既不能理解也不能欣赏这种回答。除此之外，如果有人问起为什么我们应当遵守自己的诺言，你自己也会感到茫然，不知如何作答。但是，什么东西能直接地、不拐弯抹角地说明我们有义务服从政府呢？你作不出任何回答。

但是，应当对谁忠顺？谁是我们的合法君主？这个问题常常最难作答，而且易于引起无穷的争论。有时人们很幸运，他们能够回答说：我们现在的君主直接继承了其先辈的王位，他的祖先统治我们已有许多年了。这种答复并未解答问题。历史学家追溯王室的起源直至远古，经常发现王室最初的权力总是得自篡取和强夺。人们承认，私有的合法性，或不侵占他人财产，乃是最主要的道德。然而理性告诉我们，诸如土地或房屋等耐用物并不是财产，如果仔细考察其产权的转手过程，它们没有不是在某个时候通过欺诈和不义手段取得的。人类社会的需要，不论是私人生活中还是公共生活中的需要，都不容许这种确切的探索；而且没有一种德行或道德责任经得起认真推敲，如果我们用一种谬误的哲学，用各种苛求的逻辑规则，从各个可能的方面或位置对之反复探究或细察的话。

无数卷法律和哲学著作中均有关于私有财产问题的论述，如果在本文之外加上有关的注释，几可充斥全书。不过最终我们可以准确地说：书中所确定的许多规则大都不甚确切，模棱两可，而且甚为武断。对于王位继承、君主的权利以及政府的体制等等问题也可以这样去看。有一些情况，特别是在某些体制初创时期发生的一些事情，实在难以公平合理的准则评断其是非。我们的历史学家雷平认为，爱德华三世*和腓力六世**之间的争执即属这种性质，只能由天意决定，也就是通过战争和武力解决。

谁能告诉我，究竟应由格尔马尼库斯还是应由德鲁苏斯继承提比略的帝位？假若提比略去世时他们二人均健在，而提比略又未指定其中一人作为继承人的话。收养关系与血缘关系应否视为具有同等权利？在一个国家的普通家族中，它们是有同等效力的，而且当时已经有两个公开的先例了。格尔马尼库斯是否因为比德鲁苏斯先出世而应被视为兄，还是因为他是在其兄弟生下后收养的而应被视为弟呢？在长子并不享有一般家族继承特权的国家中，应不应该考虑长子的权利呢？是否因为已有两个先例就把当时的罗马帝国视为世袭制呢？或者甚至在这样早的时期，就应该认为帝国是属于强者的，即属于新近篡位的现有当权者呢？

康茂德***继一系列贤君之后登上帝位。这些皇帝获得帝号不

* 爱德华三世(1312—1377)，英国国王，1327—1377 年在位，发动对法的百年战争。——译者

** 腓力六世(1293—1350)，百年战争前期的法国国王，1328—1350 年在位。——译者

*** 康茂德(161—192)，罗马皇帝，在位期间为 180—192 年。——译者

是通过血缘关系或公众选举，而是通过先帝收养为儿这种虚假仪式。这位嗜杀荒淫的暴君被情妇及其情夫突然阴谋杀害。这位情夫当时担任禁卫军首领。他们立即考虑要为人类（用当时的方式来说）物色新主。他们的目光投向佩提那克斯。在那位暴君死讯尚未公布之前，禁卫军首领秘密地到这位元老院议员家里，而这位议员看到兵士来了竟以为康茂德下令杀他。他立即被这位军官及其随从尊为皇帝，平民跟着欢呼拥戴，禁卫军们勉强表示服从，元老院正式予以通过，帝国各行省和军队也默默承认。

禁卫军部队的不满后来突然爆发成一场暴乱，结果这位贤君被杀。于是众人现在又无主了，陷入了无政府状态。禁卫军认为最好将帝国拍卖。军士拥立尤利安这位买主，元老院宣布承认，民众表示服从，如果不是驻外军团嫉妒，表示反对和反抗，各省也定会服从。驻在叙利亚的佩斯森尼乌斯·奈格尔自立为帝，他的部队狂呼赞成，罗马的元老院和民众暗中表示拥戴。不列颠的艾比努斯认为自己同样有权称帝。不过统治潘诺尼亚的塞维鲁最终战胜了他们。这位能干的政治家和战士看到自己的家世和尊严远不足企望帝位，开始宣称他只是想为佩提那克斯复仇。他以将军的名义率领军队进入意大利，打败了尤利安，虽然他未能明确获得士兵们的认可，元老院和民众却由于局势需要而承认他为皇帝。他在打败奈格尔和艾比努斯之后终于完全建立了他的暴力权威（赫罗迪安：《历史》，卷二）。

戈狄亚努斯·恺撒（凯普托里努斯在谈到另一时代的情况时说）也是这样被军队捧上帝位的。名义上是个皇帝，实际上不存在皇帝。值得注意的是，戈狄亚当时只是个十四岁的孩子。

在许多帝王的历史中经常有类似的事例。在亚历山大皇帝的继承者中，在许多别的国家中都发生过类似事情。在这种专制政府中，如果其继承过程出现了脱节和不正常的现象，而每次王位的空缺都必须由武力或由选举确定，那就没有什么事情比这更不幸了。在一种自由政府中，这样的事常常不可避免，然而其危险性要小得多，因为自由的利益经常可以引导民众改变王位的继承从而保护自己。由各个部分混合组成的政体，尽管它有时是为了适应民众的要求而由君主政体改变而来的，但依靠其贵族成员或依靠其民主成员仍能保持足够的稳定。

在一个专制政府中，如果没有合法继承王位的王子，则以确定王位属于第一占有人较为安全。这类事例过去发生得太频繁了，特别是在那些东方君主国家中。当任何王子完全死亡时，最后在位君主的遗嘱或指定人即被看作继位之依据。这样，路易十四诏许私生子在合法婚生子女不能继位时亦可继承王位的敕令在发生这种情况时似应具有一定权威①。这样，查理二世的遗嘱解决了整个西班牙王国的继承问题。旧君主的让与，特别是被征服时的

① 值得注意的是：在波旁公爵和合法婚生王子们对路易十四这种意图的抗议中，原始契约论的学说甚至在那个专制政府中也为人们所坚持。他们说，法国国民曾在前一王室世系中断时选戴休·加佩及其子孙治理自己，因而不言而喻拥有选戴新王室之权，而未经国人同意召唤私生子继位侵犯了这种权利。但布兰维利埃伯爵却写文章为私生子们辩护，他嘲笑这种原始契约的观念，特别嘲笑把这种观念应用到休·加佩身上。他说休·加佩也是运用历来的征服者和篡位者所曾运用过的同样手段爬上王位的，他确实是先占有王位然后再取得国人的承认。这能算是选择或协议吗？我们可以说，这位布兰维利埃伯爵是位有名的共和派，但学识渊博，熟悉历史，深知在革命变革中建立新政府时，几乎从不征求人民意见。通常总是最先依靠武力夺取政权，只有时间逐步授给他们以权力和权威（《法国史》，卷三）。——作者

割让,也是一种有效的权利凭证。那种将我们与政府联结一起的普遍义务则是社会的利益和社会的必要。这种义务甚为牢固。但究竟对哪个君主或何种政体负有此种义务则常常难于确定,含糊不清。在这些情况下,现实拥有的权力具有很大权威,较之在私有财产上的权威更大。这是因为各种革命和政府的变更均将带来混乱。

在结束本文之前,我们仅将说明:虽然在形而上学、自然哲学或天文学这些纯理论科学上诉诸公众舆论可以公正地认为是不恰当的,并且是无确定结果的,然而在所有涉及道德以及批评的问题上,舍此而外实无别的能够解决争论的标准。没有什么比发现一种理论导致人类普遍厌恶并且与所有民族和所有时代的实践不相容的反论,更能清楚地证明这种理论是错误的。那种认为一切合法政府均建于一种原始契约即人民认可的基础之上的主张显然属于此类理论。即使是这一派中最有名望的人,也不能毫无顾忌地断言:君主专制政体是和公民社会不相调和的,因而它完全不可能是公民政府的一种形式(洛克:《政府论》,下篇,第七章,90)。国家的最高权力,未经本人或其代表同意,不能以税收或征用的方式取走他的财产的任何一部分(同上书,第十章,138、139、140)。一种道德推理,除了在我们这一个王国之外,其主张竟与世界各地人类的普遍实践南辕北辙,它究竟能有多少权威,实易结论。

我所读过的古代文献中仅有一节将服从政府的义务归诸个人允诺,这一节见于柏拉图的对话集(*Crito*)。据此集所载,苏格拉底拒绝越狱,因为他已默允遵守法律。这样,洛克就在辉格党原始契约的基础上作出了托利党唯命是从的结论。

在这些事情上不要期望会有什么新的发现。如果直到最近几乎没有人曾经想象政府是建立在契约之上的，可以肯定，总的说来，政府不会有这样的基础。

在古代人中，叛逆之罪通常是用标新立异（novas res moliri，γεωτεριζειν）这些词儿表示的。

十五　论唯命是从

在前文里，我试图批驳我们国内人们提出的一些政治理论体系，既批驳了这一党派的宗教式信仰体系，也批驳了另一党派的哲学体系。此文则将考察一下在有关顺从君主的问题上各党提出的一些实际主张。

由于坚持正义这种责任完全建立在维护社会利益的基础上，而社会利益又要求人们为了保持社会安宁互不侵占财产，因此显而易见的是，如果伸张正义反而伴有甚为有害的后果，那么在这种特殊和紧急的情况下，必须中止实行这种道德，转而考虑公共利益。即使宇宙毁灭，也要伸张正义，这句格言显然是错误的，并且因为它为了手段而牺牲目的，从而在各类义务的主从关系上显示了一种荒谬的观点。当城郊房舍有利于敌人攻城时，该城长官何惜将它们付之一炬？当战争需要劫掠中立国家否则即将危及本方军队的生存时，哪个将军会束手不前？效忠之责亦复如此。常识告诉我们：人们拥戴、服从政府仅仅是由于它可为公益服务，因此在异常情况下，当服从命令显然会导致公共灾难时，必须放弃这种责任而服从我们主要的和根本的责任。人民的安全是最高的法律。这条格言符合一切时代人们的情感。没有一个人在谈到人民反抗尼禄*或菲利普二世**的起义历史时会为党派之见冲昏头脑而竟不希望这种义举成功，竟不赞颂起义者的勇敢。即使是我们那高傲的君主党人，在这种情况下也不能不无视自己崇高的理论，和其他人一样评判、感受和表示赞同。

因此，在非常情况下是容许反抗的，问题仅仅在于如何很好理解情况的必要程度，证明反抗是合理的，从而使之合法化，成为值得赞扬的事。在此我必须坦率表明自己始终倾向于站在那些坚持效忠尽责的人一边；他们认为，只有在绝对不得已的情况之下，即当公众受到暴力和暴政威胁、处于最大危险之中时，才能抗命违纪，作为一种最后的补救手段。因为叛乱总是带来内战的灾害。而且人民之中出现的造反情绪，肯定会成为促使统治者更为暴虐的主要原因，迫使他们采取许多如若人人驯服则绝不愿采取的残暴措施。因而这种古代箴言所赞许的诛戮暴君、刺杀独夫的行动并不能迫使暴君和篡权者畏惧，反而激使他们增添十倍的凶残。由于这个原因，这种做法现在已为许多国家的法律所禁止并受到普遍谴责，认为用这种方法审处这些民贼是靠不住的。

此外，必须考虑到：既然在一般情况下我们的责任是服从，那就应当主要传输这种观念。没有什么比急于尽量宣传那些容许人们抗命的特殊情况更为有害了。同样，虽然哲学家在辩论进程中有理由宣称：我们在紧迫必需的情况下可以无视公正的规则；但如

---

* 尼禄(37—68)，古罗马暴君。——译者

** 菲利普二世(1527—1598)，西班牙国君，在位期间1556—1598年。对内利用宗教裁判迫害“异端”，加强专政，对外扩张侵略。1598年派无敌舰队远征英国，几乎全军覆没。由于军费浩繁，聚敛过重，国内工商业凋敝。——译者

果有人以搜寻这种特殊事例为自己的主要任务并竭尽自己的辩才热烈宣扬它们，对于这样的鼓吹者我们会有什么看法呢？多宣传一般原则而少展现那些我们自己内心或许已经过于向往并想扩大的特殊例外，岂不更好？

不过，有两种理由可以用来为我们当中那个如此尽力宣传反抗准则的党派辩护。但必须坦率承认：这些准则在一般情况下对文明社会是甚为有害并且是具有破坏性的。可以为之辩护的第一种理由是：他们的对手把服从的准则吹捧上了天，不仅从不提及特殊情况下应有的例外（这也许是可以谅解的），甚至于绝对排除这些例外，因而他们有必要坚持这种例外，维护受到损害的真理和自由的权利。第二种理由，或许也是更好的理由，则是以英国宪法的性质和政府的体制为依据的。

树立具有无上权威和尊严的首脑几乎是我国政治体制独有的特点。这种权威和尊严虽受法律限制，然而首脑本人，在某些方面，又是高于法律的，不论做了什么错事，伤害了什么人，都不能对他进行审问，更不能进行惩罚。只有对他的大臣或执行他的指令的人，始可绳之以法纪。这样，国王看到本身安全有保障，就不会去干扰法律，而任其自行其是；人民由于次要违法者受到惩处实际上也获得了同等的安全保障，同时还避免了常常直接攻击君主而必然会产生的内战。不过宪法虽然给予君主这种礼仪上的敬意，却绝不能由此推论这项原则破坏了宪法本身，或者是树立了唯命是从的精神，使得君主能够袒护大臣，多行不义，并篡夺整个共和国的大权。法律确实并未明确表明这一点，因为在通常情况下法律不可能对此提出什么补救办法，或设立具有更高权威的长官以惩罚国君的过头行为。然而对于一种权力竟然无法补救乃是荒谬的事。在这种情况下，补救就是反抗的一种非常手段。当情况发展到极端地步时，只有反抗才能维护宪制。因此在英国政体中反抗之事当然必定比别国发生得更为频繁，别国的政体更为简单，并且是由较少部门和活动构成的。当国王是一个拥有专制权力的君主时，他很少受到诱惑大搞可能引起叛乱的暴政。但当国王的权力受到限制时，尽管他并无大的恶习，鲁莽的野心却可能驱使他陷入那种危险境况。人们经常设想，此即查理一世的情况。现在相互间的敌意业已消除，如果可以讲真话，我说詹姆士二世*的情况也是这样的。这两个人就其个人品质而言，即使不能算好人，也是无害的人；但他们误解了我们宪制的性质，贸然囊括了整个立法大权，人民因而有必要稍为强烈地反对他们，对于后者甚至有必要正式剥夺他曾大肆滥用的权力。

* 詹姆士二世(1633—1701)，英国国王，查理一世之子，后被废黜。——译者

十六　谈政党的联合

企图消除自由政体中各个政党之间的一切差别，也许是不能实现的，甚至并不可取。事实上只有下述政党才是危险的，他们对政府的本质，对王位的继承，或者对于政体的几个部门应掌握的重大权力，抱有对立的观点，没有妥协或调和的余地，把这种争执看得如此重大，甚至认为用武力反对对方的要求都是有理的。英格兰两党之间持续了一个多世纪之久的敌意即属此种性质。这种敌意有时爆发成为内战，有时引起激烈的革命，不断危及着国家的和平和安宁。不过近来已经显现了极其强烈的迹象，表明人们普遍希望消除这些政党分歧，这种联合的趋势对于未来的幸福提供了最美好的前景，每个爱国之士均应珍惜和促进这种趋势。

要实现这种良好目标，最有效的方法是阻止一党对另一党的一切无理侮辱和盛气欺凌，支持稳健的意见，寻求所有争执的合理折中方案，说服每方相信其对方有时也可能是对的，对于双方的褒贬亦需保持平衡。前两篇论文《原始契约》和《唯命是从》即按此意评述了两党之间的哲学分歧和实际争执，意欲表明在这些方面双方都不像他们自以为的那样充分有理。现在我们仍将以这种稳健的态度，评论两党之间的历史分歧，证明他们各在一些似是而非的问题上言之成理，双方均有一些想为国家谋幸福的明智之士，而两党之间过去存在的敌意并无必要，不过出于狭隘的偏见或私利的感情而已。

民权党，后来叫辉格党，可以用似是而非的论据证明反对君权是正确的，因为我们目前的自由体制就是从反对君权产生的。他们虽然也不得不承认，在查理一世之前的许多朝代发生的事例均有利于君权；但却认为而今已无理由再屈从这种危险的权力了。其理由可能如下：既然人类的权利永远被公认为是神圣的，那么任何暴君或专制政权均无权敕令取消它们。自由乃是一种不可估量的福惠，只要有可能恢复自由，国民都会甘冒许多风险，甚至血流成河，财富耗尽，亦在所不惜。所有人类的制度，特别是政体均处于不断动荡之中。国王必然会抓住一切机会扩充他们的特权，如果人民不去掌握有利时机扩大并保障自己的权力，全世界的专制政体就永远统治人类。我们所有邻国的事例都证明，将原始时代所执行的那种至高无上的权力授给现代君主已不再安全了。虽然近世许多朝代的事例赞成君主具有一点专制权力，而较遥远的统治却有更多事例表明应对君权施加限制。现在议会提出的那些标有创新称号的主张，不过是恢复人民古老和应有的权利而已。

这些观点，绝非可憎可厌之主张，而确是一种开阔、宽宏和高尚的思想。我们这个王国就是由于这些观点的盛行和得胜，获得了自由。甚至我们学术文化、工商业的繁荣以及海军强国，亦均由此获得。而英国主要依靠这一切扬名于国际社会，使人感到它可与那最自由最辉煌的古代共和国媲美。不过这些伟大的成果在这场争论刚开始时是无法预见到的，因此在那个时代，王党一方无须什么高超理论借以证明他们维护当时已经树立的王权是有理的。现在我们将按照当时议会开会时可能显示的情况陈述问题，那次议会采取激烈措施侵犯王权，从而引起内战。*

他们可能这样说过：人们所知道和承认的评判政府的唯一准则乃是实用和实践。理性的指引太不稳定可靠了，总是令人疑惑，引起争论。如果它曾能令人信服，人们定会始终保留它，以之作为自己行为的唯一准则。因而人们就仍然继续处于原始的、松散的自然状态，不会服从那个以权威和先例作为唯一基础而不是以纯理性作为基础的政府。然而如若去掉这些约束，就会破除市民社会的一切契约，而让每个人自由地去考虑一己的私利，并因此在理性外衣的掩盖之下听从个人欲望之驱使。标新立异之精神本身就是有害的，不论其具体目标有时显得如何有利。这是一个显而易见的真理，民权党本身也意识到这一点，因此他们才以恢复人民古已有之的自由这种似是而非的幌子掩盖自己对于王权的侵犯。

不过，即使承认这个党的所有设想都是对的，现在的君权远自都铎王朝时代即已无可争辩地建立起来了，迄今已有一百六十年之久。这样长的时间应当足以表明任何一种体制的稳定性。如果在哈德良**皇帝统治时代，竟然奢谈以共和制度作为政府的准则，或者宣称元老院、执政官及护民官原有的权力仍然存在，岂非可笑之事。

不过现代英国君主的权限要求较之那个时代罗马皇帝的要求

---

* 指1640年秋大选产生的英国长期议会，因坚决限制君权，惩治贪枉大臣而与查理一世发生武装对抗，即有名的英国革命。——译者

** 哈德良(76—138)，古罗马皇帝，在位期间为117—138年。军人出身。继图拉真为帝。采取谨守边境政策。在位时提倡法学，奖励文艺，广兴土木，为帝国相对安定时期。——译者

更容易得到赞同。奥古斯都的权力是赤裸裸地篡夺来的，完全建立在军事暴力基础之上，形成了罗马历史上一个军事暴力时代，这是每个读者一目了然之事。而亨利七世，假若他确如某些人所说的那样扩大了君权，则是稳步缓慢地获取的，几乎未为人们察觉，甚至历史学家和政治家们也很少提及。这个新的政府，假若可以这样称呼的话，是从前届政府不知不觉过渡而成的，它完全嫁接于前者之上，完全从这个根源获得权力，只能认为它不过是人类各民族事务必将永远经历的渐进革命之一。

都铎王朝以及其后的斯图亚特王朝所行使的权力不过是金雀花王朝*所要求和行使的权力而已。他们所拥有的权力没有一项是新的。仅有的差别也许在于：此前的国君仅能偶尔行使权柄，由于其下贵族们的反对，不能形成稳定的治理。不过由此仅可作出一种推断：古代比现在更为动荡不宁，而今君权、宪法和法制占了优势，实乃幸事。

民权党现在能以何种借口谈论恢复古代体制呢？过去，对君主的监控之权不在平民手中而在贵族手中。在君主镇压这些拉帮结派的豪霸，实施法制，强迫所有臣民平等尊重相互权利和财产之前，人民根本无权，甚至很少有自由或者毫无自由。假若竟需回到古代野蛮的封建体制，就让如今那些傲慢蔑视自己君主的绅士们带头尝试吧！让他们向邻近贵族献媚乞怜，求做陪臣，受其奴役，

---

* 金雀花王朝为英国的封建王朝。1154 年由亨利二世（本为安茹伯爵）创立。因其父高弗黎帽上常插金雀花而得名，亦名安茹王朝。王朝实行军事和司法改革，建立等级代表机构国会（1265 年）和模范国会（1295 年），发动英法百年战争。镇压 1381 年瓦特·泰勒起义。1399 年为兰开斯特王朝取代。——译者

从而获得一些保护，同时也获得压迫和劫掠下属奴隶和乡民的权力。这就是在他们的远祖中间平民所处的境况。

可是我们援引古代体制和政府，究竟需回溯多远？那是一个比这些创新者所喜欢求助的体制更为古老的体制。那个时代还没有大宪章，贵族们自己拥有正式规定的权利很少，而下议院可能根本不存在。

在下议院的议员们通过篡夺掌握整个政府权力时，居然大谈恢复古代体制，听来实在可笑。过去代表们虽然可从选民获得薪资，但担任下议院议员却始终被人视为累赘，而免除这种职务却被视为优惠。这一点难道大家不知道吗？在人类一切身外之物中，权力是最令人渴羡的，甚至名誉、恩惠和财富与之相比，都是不足道的。难道他们想使我们相信：这种权力居然曾经被人视为额外负担？

据说，平民们近来所获得的财产使他们比其祖先更配享有更多的权力。但这种财产的增长应归功于什么呢？是归功于他们有了更多的自由还是他们有了更多的安全呢？因此要让他们承认他们的祖先，由于王权受到好乱成性的贵族们的掣肘，当时享受的自由实在有限。因此他们不要提出过高的要求，不要提出它来作为不断标新立异的借口，结果可能反而丧失自由。

政体的真正准则乃当代确认的实践。它最有权威，因为它是最近的实践；由于同一原因，它也最为人所熟知。谁曾向这些民众领袖保证金雀花王朝从未像都铎王朝一样实施高度的君权。他们说历史学家未曾提及过此事。可是，历史学家对于都铎王朝行使君权的主要情况不是一样缄默不语吗？任何权力或特权一旦完全无疑地建立起来，则此种权力的行使，即被认为当然之事，并能轻易避过历史和史乘的注意。如果我们对于伊丽莎白朝代的情况，除了康登*这位博学、公正和精确的历史学家所记载的丰功伟绩之外，别无其他史志、伟著可查，则将对伊丽莎白政府的主要方针全无了解。

当前的君主政府，不是已被法学家们充分认可，为神父们所推介，被政治家所承认，并为人民大众所默认，甚至受到他们热诚爱戴吗？而且这一切不是至少已有一百六十年之久，直到最近以前，并无丝毫异议吗？这种经过如此长久时期的普遍认可，肯定足以使一种体制合法和稳固。如果一切权力如同假定的那样，来源于人民，那么这里就是已尽人们期望和想象之可能，最全面最充分地体现了人民的认可。

不过，人民不应该认为由于他们的认可而可以奠定政府的基础，他们就可以允许任意推翻和颠覆政府。这种煽动性的和傲慢的要求是没有止境的。君权现在正受到公开的冲击，贵族也处于明显的危险之中，绅士们不久也将跟着受害，那些届时将要获得绅士称号的民众领袖接着亦将面临危险。而人民本身已无能建立文官政府，没有任何权力约束管治，为了安宁起见，不得不代替原来合法而又温和的君主承认的军事和专制暴君的统治。

此种后果现今更为可怖，因为当前民众的愤怒虽以要求公民自由作掩盖，实际上是由宗教狂热煽动的。一种最盲目、最固执而又最无法控制的信念最能激励人的本性。人民的愤怒不论起源如

* 康登(1551—1623)，英国历史学家，古物学家。——译者

何总是可怕的，特别是当这种愤怒来自一种摒弃一切法制、理性和权力约束的信念时，必然产生最为有害的后果。

以上就是各个党可能为其前辈在那次大动乱时期所作所为辩护的论据。如果事件的结果可以认作理由的话，那次事件本身表明民权党的论据较为扎实；但是按照法学家和政治家建立的准则，则原来王党的观点应当说显得更为切实、稳健和合法。不过，有一点可以肯定：如果在表述过去事件时我们越是稳健折中，越有助于产生政党之间的全面联合，越易于接近一致认可我们当前的体制。稳健折中有利于已经确立的每种体制，不过只有狂热才能推翻已经确立的政权。在朋友之间，过分热情友好也常易于产生同样敌对的情绪。而对一种体制从有节制的反对转到完全默认，这种过渡则较容易而又难于察觉。

有许多无可辩驳的论据，可以促使这个不满的党派完全认可现有体制的确定。他们现在发现，公民自由的精神起初虽与宗教狂热相连，却有可能自行清除这种污染，而以更为纯真而喜人的面貌出现，赞成宽容，并鼓励一切开阔、宽宏、可为人性增光的观点。他们可以看到，人民对权利的要求仍然可以保持适当尊重君主、贵族及一切古老的制度。最重要的是，他们必须意识到：这种使他们的党具有力量并从而获得其主要权威的重要原则，现在已经离弃他们而转向对方去了。自由的方案已经确定，其美满的效果已为经验所证实，漫长的时间已赋予它以稳定性，不论何人若是想要推翻它并恢复过去的政府或复辟业已退位的家族，除了必定得到各种严重罪名之外，还会被人谴责为派性作怪和标新立异。当他们重温过去事件的历史时，应当想到君主的特权早已废弃，而业已建立的自由体制现在终于能够保护人民免受那些特权所引起暴虐、苛政和压榨等等罪恶的欺凌了。事实将会证明这些看法比不顾事实断然否认世上确曾存在这样的君权更能保障我们的自由和权利。要背弃一种事业,最有效的方法乃是突出其论据的错误之处,引导敌方针对其无可防护之点进行论辩,从而取得成功和胜利。

十七　关于新教徒的继承问题

我猜想，在威廉国王或女王安妮统治时代，当建立新教徒的继承问题尚未确定时，有一个议员正在考虑他在这个重大问题上究竟选择哪一派，并且正在毫无偏袒地权衡每方情况有利及不利之处。我相信，下列数点当时定会在他考虑之中。

他定易感到斯图亚特王室复位的巨大好处。这样，继承系列可以保持明确而无争议；坚持血统继承这样堂皇的权利，还可以避免他人觊觎。对于大众来说，血统关系始终是最强有力的权利要求，最易为他们理解。正如许多人做的那样，离开政体去谈统治者问题，那是徒劳的，没有意义的，不值得为之争论，更不值得为之斗争。一般人绝不会参与这种意见，而且我相信，他们不去谈论，而宁可保持他们原来的偏见对于社会实是一大幸事。如果不是人们对于王室的真正继承人抱有很大的热情，甚至即使这位继承人理解能力不强，或尚年幼无能，仍然把他摆在最有才智或有伟大成就的人之前，任何君主制政府（尽管这种政府也许不算最佳，而是经常存在的，最平常的政府）怎能保持稳定呢？在出现王位空缺，甚至在还没有出现空缺时，每个民众领袖不是就会提出掌权要求，使王国变成战争和骚动的舞台吗？在这方面，罗马帝国的情况肯定不足令人羡慕；东方各国的情况亦不见佳，他们很少尊重君主的尊称，而是每天牺牲君主这种尊称去迁就民众或士兵的反复无常和一时的情绪。有些人蓄意贬低君主并将他们与最低贱的人相提并论,这不过是可笑的聪明的做法。确实,在解剖学家看来,最伟大的君主并不强于最卑贱的农民或散工,而在道德家的眼中,君主也许常常不如他们。但是这些看法将引起什么结果呢?我们大家仍然保持着尊重出身和家世的偏见,不论是在严肃的工作中或是在最随便的喜乐中,我们都不能完全摆脱这些偏见。描述水手、脚夫甚至一个普通绅士的悲剧,常常使我们感到厌烦,但剧中若引述了国王和王子的悲欢离合,则该剧在我们眼中立增重要和庄严之感。假若有人由于具有卓绝睿智竟能超越、摆脱这些世俗偏见,不久他又会由于具有这同一智慧,为了社会的利益而再次尊重这些偏见。他会很快感到社会的幸福与这些偏见乃是紧密相连的。他绝不会企图在这一点上启迪人民醒悟,却会珍视他们这种尊重自己君主的感情,认为这是保持社会中应有的隶属关系所必需的。虽然支持一位国王掌权或保持继承权不受干扰常常需要牺牲两万人的生命,他对这种损失却无动于衷,不会由于认为死者中的每个人本身也许和他侍奉的国王同样可贵而感到恼怒。他考虑的是打乱国王世袭权利的后果,其影响可能延续许多世纪之久,而死亡几千人对于一个大国来说引起的不满甚小,几年之后人们可能就不再有什么感觉了。

但汉诺威王室继承王位的好处却具有相反的性质,并且是在这种非常情况下发生的,即打乱了世袭的权利,将一位按出身无权继承王位的王子捧上了国王宝座。显然,在本岛历史中,近两个世纪以来,人民的权利一直在持续增长;这是由于分割教会土地、削减贵族庄园和商业发达的结果,特别是由于我们所处的幸福地位给予我们以足够的安全，使我们无须保持什么常备军和军事设施。与此相反，几乎每个别的欧洲国家，在同一时期中，公众自由均处于极度衰落的境况。人民对古旧的封建兵役制所带来的苦难不满，他们宁愿选择信托国王招雇佣军的办法，而国王则甚易利用雇佣军反对人民。因此，某些英国的君主误解我们体制的性质，至少是误解了人民的智能，这是不足为奇的。他们紧紧握住自己祖先留下的一切有利先例不放，忽视一切相反的事例，忽视我们政体对于君权所加的限制。他们在这种误解中是到鼓励，从邻国君主的榜样得到激励。这些邻国君主具有同样的尊称或称号，拥有同样的君权徽志，这自然引导他们要求享有同样的权力和特权。从詹姆士一世的讲辞、公告以及这位君主的一系列的行动中，都表现出他把英国政府当成单纯的君主制政府，从未想到他的臣民中有很大一部分人抱有相反的看法。这种认识促使这些君主提出自己的要求，但又并未准备任何力量以支持自己的要求，甚至没有作出保留和作任何掩饰，而这种保留和掩饰是那些从事新的目标或企图革新任何政府的人所经常使用的。朝臣们的吹捧进一步加深了他们的偏见；而尤其是牧师们从引用《圣经》的某些章节，并且是从歪曲这些章节得来的偏见，则建立了一个正规的公认的专制权力体系。一举打破这种过高的权力要求的唯一办法是偏离真正的世袭路线，另选一位君主。由于他显然是公众的工具，并且是按照明确表示和公开承认的条件接受王位的，他就会看到自己的权力与人民的权力建立在相同的基础上。把这样的人选到王位上来，我们就可以打破怀有野心的臣民的一切梦想；这些人一旦将来遇到非常情况就可能用他们的阴谋和主张扰乱政府。规定由这位选登王

位的人一家世袭王位，我们可以避免经常选举君主的麻烦；而排除原来的直系继承，我们就可以保证我们体制的全部限制作用，并使我们的政府协同一致，形成一体。人民爱护君主制，因为他们受到君主制的保护；君主赞同自由，因为他是在自由中产生的。因此，新的政府便具有人类智巧可能企及的一切优点。

以上各点分别是选定斯图亚特王室继承或选定汉诺威王室继承的好处。但两种做法也各有其不利之处，不怀偏见的爱国之士为了对整个情况作出公正判断，对之亦会予以考虑和考察。

由信奉新教的汉诺威王室继承王位的不利之处在于他们在国外拥有世袭领地*，它可能使我们卷入欧洲大陆的角斗和战乱之中，使我们在一定程度上丧失原来所占有的无可比拟的地理优势，即丧失由我们控制海洋并以之保卫自己的地理优势。而召回已经废黜的斯图亚特王室的不利之处主要在于他们的宗教信仰较之已在我们中间业已确立的宗教教派更易引起社会不满，并与之背道而驰，它对其他任何教派毫不宽容，因而不能提供安定，保障安全。

在我看来，双方均有此类有利和不利之点，至少，每个略能感受论据和理由的人都会如此认为。任何臣民，不论他如何忠诚，都不会否认对当今王室的权利和拥有国外领地的争论是一种损失。斯图亚特王朝的任何一个拥护者也不会不承认：对于世袭的、不能取消的权利的要求以及信奉罗马天主教对这个王室也不利。因此，唯有不属于任何一派的哲学家可以客观地权衡这一切情况，一

* 汉诺威王室是德国人，在欧洲大陆有世袭领地，领地首府汉诺威位于中德高地和北德平原相交处。——译者

一恰当地给予评价，恰当地估计其影响。这样的人首先便会欣然承认：所有的政治问题都极为复杂，几乎从来没有任何一种选择纯粹是好的，或者纯粹是坏的。从每一项措施中可以预见到必然的和各种不同的后果，而许多预见不到的后果确实也常常产生于每一项措施。因此这样的人赋予本文（或这次尝试）的唯一情调就是犹疑、含蓄、悬而不决。如果让他放纵感情，便会对无知大众进行嘲弄，因为大众对于许多问题，甚至对那些最微妙的问题总是喧喧嚷嚷，固执己见；实际上由于不善折中，也许更主要由于缺乏理解力，他们对于这些问题，完全无法作出恰当判断。

然而对这个问题再说几句明确一点的话，我希望下述看法即使不能显示哲学家的理解，亦应能显示其情绪。

如果我们仅凭初次印象和过去的经验判断，我们必须承认由议会授予汉诺威王室以君主尊称较之坚持斯图亚特王室具有无可争议的世袭权利要有利得多。我们的先人在二者之中选择了前者，做得甚为明智。斯图亚特王朝统治大不列颠甚久，除去若干中断，共有八十多年。在这段时期中，由于民权和君权之间的冲突和争斗，政府始终处于动荡不宁的状态：即使已不动用武器，争吵喧嚷之声仍然不停；即使争嚷之声平息下来，猜忌之意继续腐蚀人心，使得整个国家仍然处于骚扰和无政府状态之中。当我们这样忙于内部争执时，一个威胁公众自由的外部强国却在欧洲大陆兴起了，我们对此没有进行任何抵制，有时甚至还给予了它一些帮助。

但在最近六十年中，议会体制建立以来，不论哪一党派在民众中或在公众会议中占据优势，我们体制的整体力量总是倒向一边，并在我们的君主和议会之间始终保持着和谐。公众享有的自由以及内部安定和秩序，几乎从未中断，商业、制造业和农业都得到增长，艺术和科学，还有哲学，都得到培育，甚至宗教各派亦被迫将相互间的敌意暂搁一边。我们国家的荣誉扩及全欧，这既是由于军民的英勇和战争的胜利，也同样由于我们和平工艺的进展。几乎没有一个国家可以夸耀曾经享有如此长期的荣耀。这么多以百万计数的人民，在这么长的时期中，以如此自由、合理和适于人性尊严的方式维系在一起，这在整个人类历史中别无他例。

虽然这一最近的经验看来明显有利于当前的体制，但有些情况仍然于另一方有利，仅凭个别事例作判断是危险的。

在上述这段繁荣昌盛的时期中，也曾有过两次叛乱，阴谋策划则难以计数。它们没有一个产生了任何致命后果，我们的脱险可以主要归因于反对我们体制的君主才疏智浅，因此我们可以认为自己非常幸运。不过被逐王室的权利要求恐怕尚未放弃，谁能预言将来的复辟企图不会引起更大的动乱呢？

民权和君权之间的争执，如果双方或任何一方具有忍让精神，则易于由法律、表决、会谈和妥协所调停。至于王位之争，问题只能由刀剑、杀伐和内战来解决。

一个登上有争议的王位的君主，是不敢武装他的臣民的，而充分保障人民的唯一方法是反对内部压迫和外国的征服。

尽管我们国家富裕，威名远扬，但前不久取得和平，摆脱危难，却是何等侥幸勉强啊！危险主要不是来自战争中的失误和失败，而是来自于我们抵押自己财政收入的有害做法，来自于更为有害的从不偿清抵押的原则。如果不是为了保全不稳的体制，很可能绝不会采取如此重大的措施。

为了使我们信服：世袭权利较之由议会赋予的而无别的目的和动机支持的权利更为可取，我们只要回顾王政复辟时代，并设想自己是当时的议会议员就可以了。当时，议会使这一时期变成了最动乱的时期，这个动乱就是由于君主和民众提出对立要求而引起的。在那个时候，假若有人提出将查理二世搁置一边，并将王冠授予约克公爵或格洛斯特公爵，而这样做仅仅为了排斥国王的过高权力要求，不让他获得其祖辈所拥有的那种权力，对于这个人的想法应该如何看呢？难道这样的人不会被认为是越轨的策划者吗？难道不会认为他是个热衷玩弄危险花招的人，对于政府和国家体制竟能像江湖郎中糊弄病人一样地瞎搞一气吗？

实际上，后来国民排斥斯图亚特王室以及王室的许多别的分支并不是反对他们的世袭权利（这个理由在一般平民看来显得十分荒谬），而是由于他们的宗教信仰。这个事实引导我们比较了上述各种体制所存在的不利之处。

我坦率承认：考虑到总的情况，我甚愿我们的君主没有国外领地，因而能将注意力集中在这个岛国政府上。因为国外领地为毁谤、污蔑提供了把柄，而那些经常喜欢把自己的上级想得很坏的人们则立即贪婪地抓住这些把柄不放。更不要说大陆上的领地还可能给我们带来一些实际麻烦。不过，也必须承认，在欧洲大陆上，汉诺威对于一位英国君主来说是最少麻烦的地方。它位于德意志的中心，离开一些为我们天然对手的强国均有一定距离，它既受到奥匈帝国的法律保护，又受到自己君主武装的保护，它只能使我们和自己的天然盟友奥地利王室联系得更为密切。

斯图亚特王室的宗教信仰是实现许多深奥的渴望的麻烦，并且给我们带来更为阴暗的后果。罗马天主教及其大群的教士、神父比我们的新教花费大得多;即使去掉其原有的宗教法庭审讯官、火刑柱和绞刑架,它也不如别的教派宽容。它不满足于将教权与王权分离(这对任何国家都是不利的),还将教权赠给始终与公众具有不同利益、甚至是相反利益的外国人。

但是,即使这种宗教对社会有利,它与已在我们之中确立的、并很可能会长期为人民信奉的宗教却是对立的。虽然我们甚为希望理性的进展能够逐步减轻遍布全欧的对立宗教相互间的刻骨怨毒,但节制的精神对达到完全信赖仍然进展甚慢。

因此,总的看来,斯图亚特王室复位可使我们从王位争执中解放出来,由汉诺威王室登位则可使我们免除特权的要求,二者的好处似乎颇为接近;但是同时,将一个罗马天主教徒扶上王位,其不利之处要大于将王位授予一位外国君主。在威廉国王或安妮女王统治时代,一位公正的爱国者在这些对立的意见中,究竟应选择哪一方,在某些人看来可能是难于决定的。

不过,汉诺威王室登位已经成为事实。这个王室的君主,未搞阴谋,未结党拉派,也未自己钻营,是由整个立法机构一致同意请来登位的。他们登位以来,一切作为都表现得极其温和、公正,非常尊重法律和体制。我们仍由自己的大臣,自己的议会和我们自己治理一切。假如出现任何不幸,我们只能怨命,只能怨己。如果我们对这样深思熟虑作出的抉择,对那些条件均受到认真遵守,仍然感到不满,将一切重新搞乱,并以自己的轻率和好乱成性表明我们除了忍受专制奴役之外,完全不适于其他国家制度,那样,我们在国际间不知必然要受到什么谴责呢?

王位之争引起的最大麻烦是它带来了发生内战和叛乱的危险。有何明智之士竟会为了避开这种麻烦而径直投入内战和叛乱呢？更无须指出：汉诺威王室在位已有如此之久，受到许多法律的保障，必然在此之前就已在大部分国民的思想上获得了王位的权利，而不仅是由于目前占有王位而已。因此，即使现在掀起一次革命，我们也达不到废止受到争议的王位权利的目的。

由国民力量进行的革命，如无特殊重大必要，不可能废除我们的债务和抵押，这牵涉到许多人的利益。而由外力进行的革命则是一次征服，目前不稳定的力量均势正以这种灾难威胁着我们；而我们的内部纷争很可能会在诸种烦扰之外，再给我们带来这种灾难。

十八　关于理想共和国的设想

政府体制与其他人造发明物性质不同，如果我们发现另一部更为精密和灵便的引擎，便可废弃旧的引擎；人造发明物还可安全地进行试验，尽管结果不一定成功。而已经建立起来的政府由于它业已建立这一重要事实就具有莫大的优势，因为人类的大多数一直受治于权力，而非受治于理性，他们绝不会把权力归咎于古人未曾推崇过的任何事物。

因此，一位贤明的元首绝不会根据一些假定的论据和哲学干预政治事务或据以进行试验，他总是尊重那些带有时代标志的事物，虽然也可能为了公众利益试图作出一些改革，却尽可能将自己的革新与古老的组织相协调，完整地保存原有体制的主要支撑。

什么形式的船舶最适于航行，对于这个问题欧洲的数学家们意见不一，大有分歧。争论最后由惠更斯*解决了，他公正地考虑到既有益于学术界，也大有益于实业界。哥伦布虽然首航至美洲，弗朗西斯·德雷克爵士**亦曾环航全球，却未作出这种发现。尽管通常拼拼凑凑、组织不好的政府似乎也能服务于社会的目的，尽管建立一套新的政府制度并不像建造一艘新型结构的船只那么容

---

* 惠更斯(1629—1695)，荷兰物理学家、数学家、天文学家。——译者

** 弗朗西斯·德雷克爵士(1540—1596)，英国航海家及将军。——译者

易，然而，作为一个政体，应该比另一个政体更为完美，要不受其特定人物的作风和个性的影响，那么我们为何不能探索一下究竟何种体制最为完美？这在人类智能可能设想的课题中肯定是最值得探索的了。如果这种争论现在竟由明智和有识之士一致同意而得到解决，谁知道将来某个时代不会有机会将此理论付诸实践呢？这种实践既可能是解散某些旧有的政府，也可能是在世界某个遥远的地方将人们组织起来，建立一个全新的政府。在一切情况下，了解一下哪种政体最为完美，使得我们只需通过温和的改变和革新便能将现有的一些政治结构或体制变得与之甚为近似而又不致引起过大的社会动荡，这毕竟是有益无害的事。

我写这篇文章的目的在于重新提出这个值得思考的问题，因而关于我自己的看法将尽量简述。长篇大论地阐述这个问题，我想公众是不会乐于接受的。他们易于认为这种探索是无益的，是空想。

一切假定人类生活方式要进行巨大变革的政府设计方案，显然都是幻想性的。柏拉图的《理想国》、托马斯·莫尔的《乌托邦》都属于这种性质。只有《大洋国》是迄今为止提供给公众的唯一有价值的共和国模型。

不过，《大洋国》似有如下一些特点：一，它运转不灵，因为它规定人们定期脱离公职，不问他们能力如何。二，它的土地所有制不切实际，人们很快就会学会古罗马时期即已为人熟知的伎俩，以别人的名义隐瞒自己的财产；这种恶劣做法最后会普遍流行以致人们毫无顾忌，甚至不屑稍加掩饰。三，大洋国对自由不能提供充分保障，对冤屈不公不能充分纠正补救。议案需由元老院提出，由人民通过。这样元老院不只是对人民拥有否决权，而且在人民表决之前就可否决，这就影响更大了。如果在英国政治体制中国王具有同等性质的否决权，能够阻止任何议案提交国会，他定会成为专制君主。可是由于他是在两院表决之后进行否决，这种否决作用甚小，其差异在于同样的事情排列先后不同所致。当一个得人心的法案在议会进行辩论，达到成熟时，大家对它的一切方便之处及不方便之处都作了权衡和平衡，如果后来又把它提交国王核准，很少有哪位国王敢于否决人民的一致愿望。但是如果国王要废除一个尚不成熟的讨厌的法案（如苏格兰议会有个时期做的那样，通过提案人撤回该条款），英国政府就会丧失平衡，冤错案件就永远不能纠正。可以肯定，任何政府滥用权力都不是由于新的法案发生的，而多由于忽略纠正经常的滥用旧法的现象。马基雅维里认为政府必须经常返回到自己最初的原则上。而在大洋国里，整个立法机构可以说全在元老院。哈林顿自己也承认这是一种不方便的政府体制，特别是在土地均分制度废除以后。

对这里的政府体制，我从理论上找不到任何重大的反对理由。

试将大不列颠和爱尔兰或任何相等的国土分成一百个郡，每郡分成一百个教区，加起来共一万个教区。如果这些郡所构成的共和国较小，我们可以缩减郡的数目，但绝不能少于三十个；如果其面积较大，最好扩大教区范围，或者使每个郡包括更多的教区而不要增加郡的数目。

在郡里，让所有年收入达二十英镑的不动产所有人和城镇教区中所有拥有五百英镑财产的户主每年在教区教堂中开会，投票选举郡中一些有地产的人作为他们的代表，我们可以称之为郡代表。

让一百个郡代表在当选两天之后在郡城开会，从他们自己当中选出十个治安官和一个参议员，这样整个共和国中共有一百个参议员、一千一百个治安官和一万个郡代表。我们将授予全体参议员以治安官的权力，授予全体治安官以郡代表的权力。

让参议员们在首都开会，并授予他们共和国的全部行政权，包括宣战和媾和之权，向海陆军将军和大使们发布指令之权，一句话，即具有英国国王的全部权力，但无其否决权。

让郡代表在特定的郡开会，并拥有共和国的全部立法权，由最大多数郡决定问题，而且权利平等。让参议院拥有这种投票权。

每一项新的法律必须先在参议院内辩论，如果被否决了，即使只有十个参议员坚持原案和提出抗议，这个法案也需送交各郡讨论，参议院如果愿意的话，可将自己赞成或否决的理由附在法案复本后。

由于对每项需要讨论的细小法律都要召集全体郡代表讨论过于麻烦费事，参议院可以自行选择将该法案或发给治安官讨论或发给郡代表们讨论。

法案提交治安官后，如果他们愿意，可以召集郡代表将问题提交他们决定。

不论法案是由参议院提交给治安官或是提交给郡代表，必须将其抄本及参议院意见于预定开会期前八天发给每个代表，以便他们认真考虑。议案即使已由参议院指定提交给治安官，如果有五个郡代表指令治安官召集全体郡代表开会，将法案提交他们决定，治安官必须照办。

治安官或郡代表都可以向该郡参议员提交拟向参议院提出的法案。如果有五个郡提出同一内容的法案，则这项法案即使遭到参议院否决，亦需发给各郡官或郡代表，即包含在五个郡的法案中的内容发下去。

任何二十个郡通过其治安官或郡代表投票表决，可以将任何人撤离公职一年，三十个郡则可将任何人撤离公职三年。

参议院有权将其任何一个成员或任何数量的成员逐出参议院，并使其当年不再当选。它不能在一年中将同一个郡的参议员两次逐出院外。

在郡代表年度选举后三周以内，原来的参议院仍然掌权。于是，所有新当选的参议员像主教们一样，关门举行秘密会议，并通过一种复杂的投票方式，例如威尼斯或马耳他地方的投票方式，选举下列行政长官：护国公，代表共和国的高官，主持参议院工作；两个国务秘书。另外选出六个委员会，即国务委员会，宗教和学术委员会，贸易委员会，法制委员会，陆军委员会，海军委员会。每个委员会由五个人组成；还有六个国库委员和一个首席国库委员。所有这些人都必须是参议员。参议院也任命派驻外国宫廷的大使，大使可以是参议员，也可以不是。

参议院可以连续任命这些官员中的一位或全部，但对他们每年必须重选。

护国公和两个国务秘书参加国务会议并有表决权。该会主要处理对外政治事务。国务委员会可以参加其他委员会，并有表决权。

宗教和学术委员会检查大学与教会。贸易委员会检查与商业有关的一切事务。法制委员会检查下级官吏所有滥用法律的行为并考察城镇法制可以作何改进。军事委员会检查国民军及其训练、军火和补给品等等，并且在共和国处于战争状态时，可对将军们发出恰当指令。海军委员会对于海军具有与上相同的权力，并可以任命舰长及所有下级官员。

只有在参议院授权范围之内，上述委员会方能自己发布指令。除此之外，他们必须每事向参议院汇报。

在参议院休会期间，任何一个委员会可以在它约定开会日期的前一天召开会议。

除了上述委员会外，还设有一个叫作竞选者委员会的机构。它是这样组成的：任何参议员候选人获得投票代表三分之一以上的选票，票数仅次于当选参议员者，一年之内不得担任任何公职，甚至不得担任行政官员或代表，不过他在竞选者委员会中占有一个席位。这个委员会有时有一百个委员，有时一个委员也没有，这就意味着取消一年。

竞选者委员会在共和国中不执掌任何权力，仅检查公共账目，并可向参议院控诉任何人。如果参议院宣判此人无罪，竞选者委员会若是愿意，尚可诉之于人民，既可向郡官也可向郡代表起诉。根据这种申诉，治安官或郡代表在竞选者委员会指定日期聚会，从每郡选出三人，其中不得有参议员。这些人共达三百之多，在首都开会，对被控人重新进行审判。

竞选者委员会可向参议院提出任何法案，如果法案被拒绝，可向人民申诉，即向郡官或郡代表们申诉；他们即在本郡对之重作考察。被投票表决逐出参议院的每个参议员，也参加竞选者委员会。

参议院享有上议院所拥有的全部审判权，可接受下级法庭的一切申诉。它同样可以任命大法官和所有司法官员。

每个郡本身就像是个共和国。郡代表可以制定地方法规，在他们当选三个月后方始生效。法律的复本上报参议院并传送其他各郡。参议院或任何一个郡都可随时宣告其他郡的任何地方法规无效。

郡代表拥有英国地方司法机关在治安审判、关押等等事务中的全部权力。

治安官可任命各郡的所有的财政税收官员。所有涉及财税收入的案件最终均可向治安官申诉。这些申诉不列入所有财税官员审理的文档，但需另立档案到年终由郡代表审查通过。

治安官任命各教区的教区长和牧师。

建立长老会式管理机构。教会最高法庭为郡宗教会议，由该郡全体长老组成，治安官可以提审该庭的任何案件，作出判决。

治安官可以审讯、免除或开除任何长老。

国民军模仿人所共知的瑞士模式建立，我们在此无须赘述。这里只需补充一点，每年依次征抽两千陆军，士兵均发饷，暑季集中在兵营训练六个星期，使他们对军营职责不致毫无所知。

治安官任命所有上校及以下军官。参议院则任命上校以上的全部军官。战时，将军任命上校及其以下的军官，任命有效期为一年。一年以后则需由该军团隶属的郡的治安官认可。郡官可撤销该郡国民军的任何军官。参议院亦可撤销郡军团之任何在役军官。如果治安官认为将军提名人选不当，他们可以任命另一军官代替被他们否掉的军官。

郡内的所有犯罪案件均由郡官和陪审团审讯。不过参议院可以停止这种审讯并把它拿来自己处理。

各郡可向参议院控告任何人的任何罪行。

在非常紧迫的情况下，护国公、两个国务秘书、国务委员会，加上参议院指定的另外五人或更多的人，拥有专政之权，期限六个月。

护国公可以赦免由下级法庭判决有罪的任何人。

在战争时期，战场上的任何军官均不得担任共和国的任何文官职务。

首都，我们姑且称之为伦敦，可以在参议院拥有四个席位。因而首都可分为四个郡区，每区的代表选举一个参议员，十个区长官，全市因而共有四个参议员，四十四个区长官和四百个区代表。区长官具有与郡长官同等的权力，代表们也具有同等的权力。但他们从不聚集在一起开全体会议。他们在本郡或百人代表团中表决。

他们制定地方法规时，由郡或区的多数代表决定。在双方票数相等时，治安官可以投票决定。

治安官选举市长、郡长、市镇法院法官和城市的其他官员。

共和国的代表、治安官或参议员均无薪资，护国公、国务秘书、委员会成员和大使等则有薪资。

每个世纪的第一年都特地用于纠正前段时间可能在代表中所产生的平等化。这个问题需以立法方式解决。

下述政治警语可以解释为什么必须制定这些法令。

下层人民和小业主善于判断一个地位或居住地方离他们不甚

远的人，因而在教区会议中很有可能选出最好的或接近最好的代表；但他们完全不适于参加郡级会议，不适于选任共和国的高级职务。他们愚昧无知，易受显贵欺哄。

一万代表，即使不每年改选，也足以成为任何自由政府的基础。确实，波兰的贵族在万人以上而他们仍然压迫人民，这是由于那里的权力总是持续为同一人或同一家族掌握，因而使得他们在一定程度上成为不同于一般人民的另一类国民。而且那里的贵族们还结合在几个家族头头之下。

所有自由的政府必须由两个委员会组成，一个较小，一个较大，或换句话说，即由参议院和人民院组成。因为正如哈林顿所说：如果没有参议院，人民院就会欠缺明智；如果没有人民院，参议院就会欠缺诚实。

例如，以一千人的大会代表人民，如果允许他们辩论，必将陷入混乱；如果不允许辩论，则参议院对他们拥有否决权，而且是一种最坏的否决权，在决定未通过之前就可予以否定。

因此，这里存在一种至今未有任何政府曾予彻底克服的困难；如果人民代表们开展辩论，一切就会嘈乱不堪；但若不开展辩论，他们就仅能表决，而参议院将代庖一切。不过这却是世上最易解决的问题，若将人民代表分为许多单独的群体，他们就可以安然进行辩论，各种不便似均可以排除了。

雷滋主教*说过：所有人数众多的会，不论如何组成，都不过

---

* 雷滋主教(1613—1679)，法国教士，一生热衷于政治阴谋活动，是红衣主教马萨林的政治对手，他的回忆录生动地记述了他的时代，文笔优雅。——译者

是群氓而已，在辩论中稍有风吹草动，便会动摇不定。日常经验证明情况确实如此。当会议的一个成员起了个荒唐念头，便会传递给其邻人，一直传下去，终于感染全体成员。然若将这么多人分开，即使每个成员仅具中等水平，则就有可能唯有理性能够控制整个会场。所有影响和例证都会被排除，在为数众多的人民中间，良好的意识总是战胜邪念的。

参议院中有两件事需要防止：共谋和分裂。参议员的共谋最为危险。为了防止这种危险，我们提供下列补救办法：(1)通过每年一度的选举，使得参议员更加依赖人民，而且这种选举不是由一群像英国选民那样乱糟糟的乌合之众进行，而是由拥有财产和教养的人进行。(2)授予他们的权力很小，他们能够处理的职位甚少，几乎一切职位都由郡治安官授予。(3)设立竞选者委员会，由参议员的竞争者组成，其声望仅次于参议员，且对其目前处境心怀不满，他们肯定会利用一切机会反对参议员。

参议院的分裂也是可以防止的。这是由于：(1)他们人数少；(2)派别只是某种单一利益的联合，可以通过他们对人民的依赖而防止这种联合。(3)参议院有权开除任何搞派别活动的成员。确实，如果来自该郡其他具有同样情绪的议员，参议院无权再开除他们，即使他们要这样做，也不恰当；因为这表明了民众的情绪，而且这可能是由于公共事务中某些问题处置不当所引起的。(4)可以假定：由人民如此正规选出的参议院，其中几乎每个人都适于担任任何文职。因此，参议院作出关于处理参议员任职的总决定是恰当的。在紧要时刻，当任何参议员表现出非凡的才能，或表现得特殊愚蠢无能时，这些规定并不会束缚他们的手脚，但是通过势所必然的职务安排，却足以防止阴谋和派别活动。例如，让我们作出这样一个规定：任何人都只有在任参议员四年之后才能担任公职；除了大使以外，任何人不得连续任职两年；任何人任职均需由低至高；任何人不得担任护国公两次，等等。威尼斯的元老院就是以这些规定管理自己的。

在对外政治中，参议院的利益与人民的利益简直不能分离，因而使参议院在对外交政策上拥有决断之权是恰当的，否则就不可能有什么秘密或严密的政策可言。何况，没有金钱联合也不能实现，因而参议院始终只能紧紧地依赖人民。更不必说，由于立法权总是高于行政权，治安官或代表只要他们自己认为合适随时都可以进行干预。

利害的对立是英国政府的主要支柱。然而，尽管从主要方面来看这有用处，它也产生了无穷的派系。上述方案却有百利而无此弊。竞争对手无权控制参议院，他们仅能向人民控诉和呼吁。

我们必须同样防止那成千的治安官的共谋和分裂。这一点只要将职位和利益分开就可以充分实现。

如果这样做还不够，治安官的选举由成万代表决定亦可起同样作用。

不仅如此，那一万个代表只要他们乐意，随时可以收权，不只是当全体代表同意时可以这样做，即使百人中只有五人要求也可以这样做。只要代表们对个别的利益开始产生怀疑，他们就可以采取这种措施。

一万人的集体甚大，既难联合，亦难分裂，除非他们聚集一起；受到怀有野心的领袖的诱导。更不用说他们每年由全体民众选举，这是甚为重要的。

小型共和国本身是世界上最幸福的政体，因为治理者对一切了如指掌，但它却可能被外部强大的武力征服。而我们现在设想的方案却兼有大小共和国的一切优点。

每个郡的法律都可能被参议院或其他郡宣布无效，因为这显示了利益的对立。在这种情况下，任何部分都不应自行其是。事情必须提交全体，全体会最好地确定何者符合共同利益。

至于教会和国民军，制定前述法令的理由是不言而喻的。如果教会不属民政官员管理，如果没有国民军，任何自由政府欲求安全和稳定，纯属空想。

在许多政府中，低级官员除了其个人野心、虚荣或热心公益获得满足外，别无任何酬偿。法国法官的薪俸还不够偿付他们谋取职位所花金额的利息。荷兰市长的直接利得不会多于英国的治安法官，或从前的下议院议员。不过为了避免有人担心这样会引起政府官员忽视自己的职责（其实考虑到人们天生的野心，这是不必担心的），可让治安官员领有够用的薪俸。至于参议员，他们有机会获得许多有名、有利的职位，不必另出钱请他们开会。还有郡代表们，我们要求他们开会的时间很少，亦无须考虑。

上述政府设计方案是实际可行的，任何人只要考虑到它与那明智合理，闻名遐迩的荷兰联省共和国十分相似，对此即不会怀疑。现行方案所作变动显然优于原有体制。(1)代表制更为平等。(2)城市市长的无限权力（在荷兰共和国这种权力形成一种完全的贵族政治）得到纠正，代之以适度的民主，民众每年可改选国家代表。(3)否决权，荷兰每个省和市对整个共和国关于结盟、议和、宣战和征税的决定都可行使否决权，这一点已予取消。(4)方案中的各郡并不像荷兰七个省一样互相独立，形成单独的实体。在荷兰，小省小镇对大省大市特别是对荷兰省和阿姆斯特丹市所抱有的嫉妒经常扰乱整个政府。(5)授予参议院比法国议会更大的权力，同时也是最为保险的权力，这就意味着前者比后者能够更为迅速和秘密地作出决定。

为了使英国政府成为有限君主国最为完美的典型，似可作出如下一些主要变革：(1)克伦威尔的议会方案应予恢复，应该规定代表制平等，任何不具有两百英镑财产的人不得参加郡选举。(2)由于下议院这个机构对于现在这样脆弱的贵族院来说势力过大，应将主教和苏格兰贵族调出；上议院议员应增至三百或四百人，席位不能世袭，但可终身享有。上议院应该可以选举自己的议员，而下议院议员在被授予上议院席位时不得拒绝。通过这种方法上议院即可全由可以信赖的、有能力、有声望的人士组成，而下议院中激烈闹事的领袖可以调离。这样一种贵族政治将成为君主制的最佳屏障和反对它的障碍。目前我们政府的平衡在某种程度上决定于君主的能力和作风，可是这些因素却是变化不定的。

这种有限君主制的方案，不论如何改进，似乎仍将有三大缺点：(1)它虽可能缓和宫廷党和民权党之间的分歧，但不能完全消除这种分歧。(2)君主个人的品格对于政府仍然具有重大影响。(3)军权掌握在一个人手中，为了借口保持常备军，他必然会经常忽视国民军的训练。

最后，我们将以考察一种普遍流传的谬误结束这个题目。许多人认为像法国或大不列颠这样的大国绝不能塑造成为共和国，有人认为这种体制的政府只能产生于一个城市中或一个小国中。看来情况很可能与此相反。在幅员广阔的国家中建立一个共和政府虽然比在一个城市中建立一个这样的政府更为困难，但这样的政府一旦建立却更易于保持稳定和统一，不易发生混乱和分裂。一个大国的边远地区很难为了建立自由政府的任何方案而联合起来，但却易于因为推崇某一个人而采取一致行动。这个人由于公众的支持就可能夺取政权，并在压服顽固反抗者后建立一个君主政府。另一方面，一个城市欣然赞同相同的政府概念，产权的自然平等就会有利于自由，而居住的邻近就会使公民可以互相帮助。甚至在专制君主统治下，所属城市的政府通常都是共和国，而郡政府和省政府则是君主制的。但是城市有利于建立共和国的这种情况同时也使得其体制脆弱和不稳。民主制总是骚动不安的。不管人民在表决或选举时分成许多部分，他们在一城的邻近居住总是使民众的力量成为最易感受的潮流。贵族政治最适于安定和秩序，因而最受古代作家赞颂。不过，贵族政治妒忌人民，压制人民。但在巧妙建立的大国政府中，从允许参加共和国初选和初步计划的低层民众到指导一切活动的高级官员，均有改进民主制的充分余地。同时，由于各个部分相距甚远，不论是阴谋、成见或激情都很难促使他们联合采取措施，反对公众利益。

无须探询这样的政府能否永存。我认为诗人关于人事变化无穷的慨叹是恰当的：芸芸众生，竟能永存？世界本身就可能不是永恒的。可能发生吞噬一切的瘟疫，使得甚至最佳的政府也易为邻国所征服。我们不知道人们长期的热情或心灵的其他异常活动可将人类推向多远，竟至忽视一切秩序和公益。在利益不同消除之后，还会由于个人之间的恩怨产生一些怪诞的和不可理解的派别。也许最精良的政治机器可能生锈而运转不灵。最后，这样继续下去，实行对外扩张，必定会毁灭每个自由政府，并且使得较为完善的政府比不甚完善者毁灭得更快。产生这种情况正是由于前者具有超越后者的那些优点。虽然这样的国家应该制定反对对外征服的根本大法，然而共和国同个人一样，也是怀有野心的，因而眼前的利益常使人们忘记子孙后代。如果这样的政府可以兴旺许多世代，这就足以促使人们孜孜追求，根本用不着妄称它可以永存。全能的上帝看来已经拒绝将这种永存授给他所创造的万物。

十九　道德原理的探讨

第三节　论正义

一

正义甚有益于社会，因而它的价值至少部分出自此种考虑，这是无须加以证明的。公共效益是公正的唯一根源，而人们对这种道德的有益效果的思考乃是其价值的唯一基础。这个题目更为新奇和重要，我们应当更好地予以考察和探究。

让我们假设，大自然已经赐予人类许许多多的一切外界的便利，每一个人对事物的结局充满自信，无须忧虑或勤奋，即可自己找到充分满足他所要的任何最为贪婪的欲望，或者最为丰富的想象所能提出的一切想望和愿望。我们还可以假设人的天姿俊美超越一切人为的装饰，而四季常温的气候不需任何衣着和遮盖。野生植物给他提供了最美的食物，清泉则是他最丰富的饮料。人们根本无须辛勤劳作、无须耕种、无须航运。音乐、诗歌和遐想成为他们唯一的事情，谈话、欢乐和友谊成为他们唯一的消遣。

显然，在这种幸福状况下，其他各种社会美德均将发扬光大，十倍增长，而慎重的、令人珍惜的正义之美德将不再为人念及。既然每人的所有已超过需要,分配食物还有何用?既然绝不可能发生任何侵占行为,又何必建立产权?如果我的某个物件被人夺走,只需伸手即可得到与它等值的东西,我又何必宣称它是我的呢?在这种情况下,正义已毫无意义,只是无用的礼节,它绝不能在道德的名目中占有一席地位。

我们可以看到:即使在人类当前这种贫困的条件下,只要自然赐予的某种福惠无限丰富,我们人类总是全体共享,而不斤斤细分什么权利和产权。水和空气虽是所有实物中最为人们所必需的东西,但并没有人要求把它们分作个人财产。任何人即使很浪费地使用和享用这些福惠,也绝不能说他行为不正。在人口甚少而土地肥沃辽阔的国度里,人们对于土地也是这样看待的。那些维护海洋自由的人,极力坚持可以无限利用海洋进行航运,假若航运的效益确是无穷无尽的,这些立论者就绝不会有争辩的对手了,也绝不会有人提出瓜分、独占某一海域的要求。

可能发生这样的情况:在某些国家中,在某个时代,若是土地甚广,居民利用不了,而水源却有困难,并且水量很小,该国可能对水建立产权,而对土地却不规定属主(《创世记》,第十三章和第二十一章)。

又如,假设人类今后虽然仍如现在一样贫困,但胸襟开阔、满怀友好和慷慨之情,致使人人都极为互相关怀体贴,关心别人的利益胜过关心自己的利益。显然,在这种情况下,正义将搁置不用,而被那种广博的善心所取代,人们也不会再考虑产权和义务的区分与限制了。既然我明知他人最强烈的欲望就是为我寻求幸福,自愿为我服务,我又何必以契约或诺言束缚他为我竭力尽职?除非他由此所受到的损害大于我得到的好处，在这种情况下，他知道我出于人道和友谊的天性，必定会首先反对接受他这种不慎重的慷慨。我对利益心中不分邻我，却以同等的欢悲乐邻人之所乐，忧邻人之所忧，就像它们本是自己的忧乐一样，既然如此，我又何必在彼此田地之间树立界碑？在这种假设中，人人都是他人的第二个自我，都会将自己的一切利益信托别人处置；没有妒忌，没有彼此，没有区别。这样整个人类就形成了一个大家庭，一切共有，人人可以自由取用，不必考虑什么产权；但人人都会谨取慎用，全体关心每个人的需要，似乎这与我们自己的利益关系极为密切。

在当前的人心素质下，也许难以找到能够体现如此博爱的完整事例，但我们还是可以看到，家庭的情况与之近似；家庭成员之间相互的感情愈强烈，则情况愈为接近，直至他们之间的财产界限在很大程度上已不存在和难予区分。在已婚的男女之间，由法律加以固定的情谊非常强烈，竟致取消一切财物的分属，实际情况确实经常如此。我们还可看到，每当一种原则为人过分夸大，燃起新的热情时，人们常常试图共享财物；只有当人们的私心复燃，感到这种做法不便时，才能使那些鲁莽的狂热之徒重新采用公正和分开的财产概念。事实上，这种道德之所以存在完全是人类的交往和社会状况所必需。

为了使这个真理更加明显，让我们将上述假设颠倒一下，并将一切置于另一极端，然后考虑这些新的情况会有什么后果。假设某个社会陷入共同的贫困，缺乏所有的日用必需品，即使极为节约和勤奋亦不能使大多数人免于饿死，不能使整个社会摆脱极端悲惨的境地，我相信在这种紧迫的情况下，人们马上会欣然同意将正义的严格法则搁置一旁，而让位给更强有力的需要和维持自我生

存的动机。在船舶失事之后，抓住任何可以抓到的救生之物，而不管它原属何人，这能说是一种罪恶吗？或者一座被围的城池由于饥饿而濒于毁灭，你能想象，人们为了严格尊重在其他情况下是公平和公正的法则，竟会放弃眼前的救生之物而宁愿牺牲自己的生命吗？这种道德的效用和旨意本是为了保持社会秩序以获得幸福与安全；但当社会本身由于极端危急、濒于灭亡之际，暴力和不公正就不再是最可怕的罪恶了，人人都可以采用经过慎重考虑和人道允许的一切手段。即使不在如此紧迫的情况下，当局都可以不经主人同意打开粮仓，因为人们有充分的理由认为地方长官的权力可以延伸及此，这是符合公正原则的；但若有一群人集合起来，不顾法律或法庭的约束，在灾荒饥馑之中通过强力甚至通过暴力各自获得相等的一份面包，这会不会被认为是犯罪或侵犯他人财产呢？

同样，再假设一个有德之士不幸落入流氓社会之中，远离法律和政府的保护，在这种可悲的处境中，他需如何行动呢？他看到的是：狂暴贪婪四处盛行，无视公正原则，蔑视一切秩序，愚昧盲目不顾后果；这一切必然立即导致极端悲惨的结局，必然会在整个社会的彻底瓦解中以大多数人的毁灭而告终。同时他只有夺取不管是何人的刀盾来武装自己，必须采取一切防卫措施和安全手段，除此别无他法；关于公正的考虑对于他自己的安全或别人的安全已经不再有用，他只有听从维持自我生存的本能，不再顾及那些已不值得他关注的东西。

即使在政治社会中，当任何一个人由于罪恶昭彰为公众厌弃，便会使他的财物和人身受到法律的惩罚，这就是说通常的公正法则对于他暂时失效，而且为了社会的*利益*，对他施加那种若无错误或伤害别人则不会受到的制裁，也就成为公正的了。

公开战争的激烈和残暴，难道不就是那些感到公正这种道德对他们已不再*有益*和有利的交战派别之间暂停实施公正原则的结果吗？接替那些公平和公正原则的战争法规，就是为了解决人们当时所处的特殊状态的*利益*和*效用*的规则。假若一个文明民族与连战争法则也不遵守的野蛮人交战，则前者也需暂停遵守这些法则，因为它们已无任何用处，并且必须使每次流血而有害的战斗或决战尽可能杀伤更多的侵略者。

因此，公平或公正的规则完全决定于人们所处的特定状况和环境，严格正常地遵守这些规则对公众所产生的实际效益是它们能够产生和存在的根源。反之，在特殊情况下，当产品很丰富或者很贫乏时，人们的心情很温和和富有人道感情，或者很贪婪和怀有恶意，这时公正全无效用，因而你们就可以完全破坏它的精华，并停止它对人类的约束。

社会通常情况是处于这一切极端情况之中。我们生来易于偏袒自己和自己的友好，但仍然能够认识到较为公正行事的好处。大自然很少慷慨大方地给予我们享受，但我们可以通过技巧、辛劳和勤勉大量获取它们。从此在一切文明社会中财产观念成为必要，公正对于公众变得有益，这是它的价值和道义约束产生的唯一根源。

这些结论十分自然和明了，甚至在诗人们描述那黄金时代即农神时代的幸福时也未漏书。在自然界的初始时代，四季温和（如果我们相信这些悦人的神话），人类根本无须衣着和房舍防寒抗暑，河中流的是酒和奶，橡树产出蜂蜜，原野自然生产最佳美食。这一切还不是那个幸福时代的主要好处。不仅是自然界不见风暴，人类心中也不识那些在当今世界引起如许动荡、产生如许混乱的风暴。贪婪、野心、残酷、自私从来闻所未闻，诚挚的爱慕、怜悯和同情乃是心灵业已熟识的行动。甚至斤斤你我之分在当时幸福的人类中亦被废弃，而财产、责任、公正和不公正这些概念也随之抛到九霄云外去了。

诗人虚构的黄金时代的幻想，在某些方面，和哲人设想的自然状态的想象是一回事，唯一不同的是，前者被描述为人们可能想象的最为美好、最为安宁的环境，而后者则被描绘为极其贫困、匮乏一切，以及人人相互争斗和充满暴力的状态。我们可以说，最初的原始人类，极为无知和野蛮，不能互相信任，人人都只能依靠自己，依仗自己的体力和机智获得保护与安全。法律是闻所未闻之事，公正的原则无人知晓，财产的划分无人考虑，暴力是衡量权利是非的唯一准则；一切人反对一切人的不断战争，是人类自私和野蛮的本性未受约束的必然后果①。

① 这种自然状态的虚构如同战争状态一样，并不是霍布斯先生提出来的，它是一种通常的想象。柏拉图在《理想国》的第 2、第 3 和第 4 卷中曾力图驳斥过十分类似这种虚构的假设。相反，西塞罗推定这一虚构在下述一段话中得到相当普遍的承认：“法官们，你们之中谁不知道，曾经存在过这样一种状况，在一段时间之内，人们既无自然法，也不受民法的约束，他们互不联系地在广大的地域内游荡。他们拥有的仅限于依靠手或体力能够获取的东西，且时有伤亡。因此，勇武或者计谋超群的一些人便脱颖而出。他们依靠特有的机智和灵敏把分散的人们集合在一起，并使他们摆脱野蛮状态，主张正义，变得驯良。对大家有利的事，我们称之为公共事务。人们的共同体，后来被称作国家。住宅的联合体，我们名之曰城市。用新定的、神的以及人间的法律联系在一起，并且配备上城墙。在富有文化素养的这种生活和那种非人的生活之间所存在的区别，乃是依靠法律抑或仰仗暴力。我们不喜欢暴力，而是应当利用法律。我们切望停止使用暴力，认为应当使法律具有威力。也就是要让一切法律通过法庭判决得以维护。如果法庭不受尊重，那还能剩下什么东西？那不就是要让暴力支配一切？所有的人都明白这一点。”（《为塞克斯图斯辩护》，Ⅰ，42。）——作者

这样一种人性状态是否总是存在，假若它确已存在，能否延续相当长一段时期以致可以称之为一种状态，这是完全值得怀疑的。因为人们至少必须出生在某个社会家庭之中，他们的父母一定会以某种品行和举止的规则教养他们成长。不过必须承认，如果这种互相战争和充满暴力的状态确曾存在的话，一切公正的法则，由于它们绝无价值，必然都会被搁置一旁，这一推论是完全正确的。

我们对人生的看法愈是纷繁不同，我们考察它的角度愈是新奇而不寻常，我们就会更加深信，此处所指的公正这种道德的起源确是真实而又令人满意的。

假如有这样一种生物和人类混存，它们虽有理性，但体力和智力均甚弱，根本不能作出任何抵抗，即使无限挑逗刺激，也看不到任何愤怒的表现；我认为我们由于受人道准则的约束会温和地使用这些生物，但对他们却不会恰当地说，他们因受到公正准则的一些约束，不可能享有任何权利或占有任何财产。我们和他们的交往不能称为社交，因为社交意味着一定程度的平等，而是一种一方绝对统治，另一方奴隶般的服从关系。我们想要什么，他们都得立即放弃。我们的容许是他们可以多久拥有自己财物的唯一依据；我们的同情和仁慈是他们可以抑制我们非法愿望的唯一约束。由于行使这种深深植根于天性的权力，绝不会产生对己不利的后果，公正和产权的约束完全没有用处，它在这种不平等的关系中绝不会有任何地位。

这显然就是人类对动物的关系，其中究竟有多少理性，让别人去确定吧！文明的欧洲人对于野蛮的印第安人具有莫大的优势，这种优势诱使我们认为自己可以相同的方式对待他们，抛弃一切

公正的约束,甚至抛弃人道的约束。在许多民族中,妇女被贬为奴隶,不能拥有一切财产,不能反对她们的男主人。不过在所有国家中,虽然男性联合起来,在体力上足以维持这种奴役,但他们美丽的伴侣实在太柔媚动人了,男性的联盟总是能够被女性击破,女性总是可以和男性共享一切社会权利和特权。

假若自然使得人类每一个人均具有既能维持自己生存又能延续人种的各项机能,假若由于至高无上的造物主的最初意旨,人与人之间的一切社交均被割断,那么看来很明显的是,如此孤单的人既不能实行公正,亦不能进行社会交往和会话。既然相互关心和忍让已无任何作用,它们也就不能指导任何有理智的人的行为。轻率的一时冲动不会由于顾及后果受到约束,每个人都只爱自己,都只依靠自己和自己的单独活动获得安全与幸福,他就必然竭尽自己的力量以谋求在一切场合优先于他人,因为对于任何人他都不会受到天性或利害关系的约束。

不过男女之间由于自然本能需要结合,即因此产生家庭,而家庭的存在又需要一些特定规则,这些规则就立即为人们接受,不过其他人并不在其约束范围之内。假若几个家庭联成一个完全独立的社团,这些维护安宁和秩序的规则的实施范围就最大限度地扩大到该社团,但若越过界限一步,又会变得毫无价值而丧失其效力。再若几个单独的社团为了互利互便而维持一种交往,公正的实施范围还会扩大,这与人们视野的开阔和相互联结的力量成正比。历史、经验、理性都已充分向我们展示了人类认识的这种自然进程,以及我们对于公正的关注如何随着对这种道德效用的了解而逐步扩大。

二

如果我们考察一下公正赖以实施、财产赖以确定的法则，我们仍将得到同一结论。人类的幸福乃是这一切法则和规章的唯一目的。为了社会的安定和利益，不仅必须划分人们的财物，而且划分财物时我们所遵循的一切法则还应制定得尽可能完善，从而进一步促进社会利益。

我们假定有一种生物具有理性但不熟悉人性，正在独自考虑何种公正规则或财产规定可以最有效地促进公共利益，使人类得到和平和安全，他最明显的想法是将最大份额的财产给予最有美德者，并按照个人愿望授予每人以行善之权。在理想的神话中，无限明智之神以其特有的意志治理一切，上述规则定能推行并可取得最佳效果；但若由人类来实施这种法则，则因是非功过变动太大(这不仅是由于是非本来模糊不清，而且也由于每人都骄傲自大、互不相让)，绝不能产生任何确定的行动准则；整个社会定会立即完全瓦解。狂人们可以假定统治万民乃是神的恩典，唯有圣徒可以继承国土，不过民政长官却可以十分有理地将这些崇高的神学家与普通强盗同等对待，并以最严厉的惩戒教训他们：在理论上看来对社会最为有利的规则在实践中可能是完全有害的和破坏性的。

我们从历史上知道英国在内战期间也有这类宗教的狂热者，不过很可能是由于这些原则的明显倾向引起了人们的惊恐太大，迫使这些危险的热心人迅即放弃了他们的宗旨，或者至少将这些宗旨隐藏起来。或许，要求平等分配财产的平等派也是从这种宗

教人士中产生的一种政治狂人，他们更为公开地宣扬自己的主张，这些主张看来更带有似是而非的性质，好像不仅在他们自己中间可以实行，对于人类社会也甚有效益。

的确，应该承认，大自然对于人类十分慷慨，如果它现存的一切在人类中平均分配，并通过技艺和勤劳加以改进，则每个人都可以享有一切必需品，甚至也能享受舒适的生活。人们不再容易生病，除非因为体质衰弱而偶然发生。还需承认，每当我们偏离这种平等，则穷人所受之掠夺多于富人所得之增益；为了满足个人微不足道的虚荣，所耗费用常常比许多家庭、甚至比一些省所耗费的面包还多。还可以看到：这种平等的规则，由于高度有益，并非完全不能实行；不过它在某些共和国中至少在不大完善的程度上实行过，特别是在斯巴达，据说实行结果极有效益。更不必说古罗马经常推行的土地法，这种土地法在许多希腊城邦也实施过，这一切都是由于人们普遍认为平等原则有益才这样做的。

不过历史学家，甚至通常的理性也可以告诉我们，这些尽善的平等观念不论它们表面看来多么有理，实际上是根本行不通的；若勉强实行则对人类社会必然危害极大。如果实行平均财产，人们的技能、照管和勤勉的不同，必定迅即打破这种平等。若是你们压制人们的这些长处，你们将使社会陷入极端贫困的境地；不仅不能使少数人免于贫穷和乞讨，反而会使整个社会无法避免贫困。为了在萌芽状态注意不平等的迹象，需要作最严格的调查和最严厉的审理，以惩罚和纠正它们。然而，这么大的权柄必然很快变为暴虐，执行时必然会带有很大偏见，难以公正；在这种如所设想的情况下，谁能掌握此种权力呢？财产的绝对平均会破坏一切隶属关系，大大削弱行政长官的权力，而且必然会将一切权力削弱到同财产权几乎一样的水平。

因此，我们可以作出结论：为了制定调整财产的法律，我们必须熟悉人性和世情，必须扬弃似是而非的虚假的表象，必须探求那些总的说来最为有用和有益的规则。只要通常的理性和稍许的经验就足以解决这个问题，人们就不会过分自私贪婪，或者过分恣意狂热。

例如，人通过技巧或辛勤劳动所生产或改进的任何东西，总应该永远为他所得，以鼓励这种有益的习惯和成就；由于同样有益的目的，财产也应该传给儿女和亲戚；财产还可以经过同意进行转让，以促进对人类社会十分有益的贸易和交换；而且，人们应该履行契约和许诺，以保证相互的忠诚和信任，藉此大大地促进人类的整体利益。这些道理谁不知道呢？

你们考察一下自然法的作者，总是可以发现：无论他们提出的什么原理，他们都确信这是最终的落脚点，并把人类的便利和需要作为他们建立每项规则的最终理由。一种反制度的强制的特许权往往比执行制度过程中制定出来的特许权更有权威。

的确，为什么这个必定是我的，那个必定是你的，难道作者对此不曾提出过其他什么理由吗？自人类未开化的原始状态以来，就一定从未有过任何这样的区分吗？接受这些名称的物体本身与我们无关吗？它们完全与我们分开和分离，除了社会的整体利益之外，没有什么东西可以形成这种连接。

有时在某种特定的场合，社会利益可能需要一种公正的规则，但是不能在几个同等有利的规则中确定一个特定的规则。在这种情况下,要扣住最细微的类比,以便防止可能成为异议根源的无关紧要和模棱两可的规则。这样,在谁也没有任何优先提出要求的地方,唯有占有,并且是最初的占有,被设想为转让财产。法律家的大多数推论具有这种类似的性质,同时取决于想象上十分微小的联系。

在特殊的情况下,任何一个人对于妨碍所有尊重个人的私有财产和牺牲公众利益之间的区别(这个区别是为了公众利益而建立的)是否有所考虑呢?人民的安全是最高的法律,所有其他特定的法律都要服从它,从属于它;而且在事物通常的过程中,如果它们为人们所遵循和尊重,这仅仅是因为公众的安全和利益通常要求这样的平等与公正的管理。

有时效用和类比均失去作用,使公正的法则完全处于难以确定的状态。因此,任何东西由于时效或长期占有就会转变成为财产,这是非常必要的;不过为了达到这个目的,究竟需要多少天、多少月、多少年的时间,仅仅这一点就不可能确定。民法在这里代替了自然法典,并根据立法者提出的不同效用确定了时效的不同期限。大多数国家的法律规定,汇票和期票比债券、抵押契据和更正规的契约的期限要短得多。

我们通常可以观察到,所有的财产问题都要服从民法的权威,这个法根据每个团体特殊的便利扩展、限制、修改和改变了自然公正的法则。这个法与政体、风俗、时代观念、宗教、贸易以及各社会的状况有着(或者说应该有着)恒定的关系。已故的一位既是学者又是天才的作者对这个问题进行了详细的研究，并根据这些原则建立了一个政治知识的体系，这个体系充满了独创性和卓越的思想，且不乏牢固①。

什么是一个人的财产呢？所谓人的财产就是指可供使用的、合法的、归他独自所有的任何东西。然而，我们有什么法则可用来分配这些财物呢？在这里，我们必须求助于法令、习惯、先例、类比以及数以百计的其他事项，其中有些是永恒的和固定的，有些是可变的和任意的。但是最基本的一点，即它们所宣称的立足点，乃是人类社会的利益和幸福。在我们没有对这个基本点予以考虑以

① 《论法的精神》的作者。然而，这位杰出的作者阐述的是一种不同的理论，他假定一切权利都建立在一定的关系或联系之上；在我看来，这是一个与真正的哲学绝不可调和的理论体系。就我所知，马勒伯朗士是阐述这种抽象的道德理论的第一人，该理论后来被卡德沃思、克拉克和其他一些人所采纳；由于这种理论排斥一切情感，并宣称一切事物都建立在理性的基础之上，因此在这个哲学的时代，它已经不再缺少信徒了[第Ⅰ节，附录Ⅰ]。关于公正，即这里所涉及的善的问题，反对这种理论的推理似乎是简短的和结论性的。人们承认，财产权要依民法而定，社会利益是民法的唯一目的，因此必须承认这是财产权和公正的唯一基础。更不必说我们本身有义务服从地方法官，而他的法律只是根据社会利益制定的。

如果有时公正的观念与民法的规定不符，我们就会发现，这种情况不是否定而是证实了上述理论。当民法如此反常以致完全违背了社会利益时，民法就完全失去了权威，而人们则按照与社会利益相符的自然公正原则判断是非。还有些时候，民法为了实用的目的，需要有一种履行契约的惯例或方法；如果缺少这种惯例，他们的裁决就会与通常的公正要旨背道而驰；但是一个玩弄这种欺骗手法的人，不会被公认为老实人。因此，社会利益需要履行契约；不论是自然公正原则还是民事公正原则，都没有比这更重要的条款。但是这种对微不足道的细节的忽略经常会通过法律使契约在人世间，而不是在信仰方面失效，正像神学家发表他们自己的观点一样。在这些情况下，地方法官只是撤回他强制实施这种权利的权力，并没有改变这种权利。只要他的意图涉及这种权利，并与社会的利益相符合，他就绝无意改变这种权利；这又一次明确地证实了公正和财产权的起源，正如上面所指出的那样。——作者

前，没有什么会比所有的或者大多数的公正法则和产权法显得更加想入非非，更加不自然，甚至更加迷信。

嘲弄世俗迷信，以及揭露与食物、时间、地点、心情、衣着有特殊关系的愚蠢，这些都是人们很容易做到的；尽管他们考虑了这些对象的所有特征和关系，却发现不了那种使人钟爱或反感、使人崇拜或厌恶的足够原因，这种原因对很大一部分人具有强大的影响。一个叙利亚人宁愿饿死也不愿吃一点鸽子肉，一个埃及人不会去品尝咸猪肉，但是，如果从视觉、嗅觉、味觉的角度去考察，或者借助于化学、医学、物理学去仔细检查这些种类的食物，绝不能发现它们和其他食物之间有什么差别，也不能选择那些为宗教激情提供了基础的明确事实。鸡在星期四是合法的食物，在星期五就是极坏的食物；在这个教区的这所房子内，蛋在大斋期间是允许食用的，但在离此处一百步之远的地方，吃蛋乃是该死的罪孽。这块土地或建筑，昨天是亵渎神灵的；今天，由于几句轻声祷告，它就变成神圣的了。这样的见解出自一个说话稳妥的哲学家之口，显然就要产生一些影响，因为对于每个人而言，它们总是一出现就看到了；在它们不起作用的地方，一定是受到教育、成见和激情的阻碍，而不是受到无知或过失的阻碍。

一种类似轻率的观点，或者说得更正确一点，极其抽象的意见，会把同样的迷信带到公正的所有看法中，而且如果某个人使他的财物（或我们称之为财产的东西）受到理性和科学的同样细查，即使通过最精确的调查，他也发现不了由道德观念所造成差别的任何根据。我可以合法地吃这棵树上的果子，但是十步外另一棵同样品种的树上的果子，我尝一口就是犯罪。假如我在一小时前穿上这身衣着，曾经受到了最严厉的处罚，但是由于某个发出几个魔术般的音节的人，却使这件衣服适合我使用。假若这栋房屋建在邻近的土地上，我住在里面是不道德的；但若建在河的这一边，它属于不同的市政法律的调整，于是它成了我的财产，我就不会招致责备或非难。可以认为，这种连续地揭露迷信的同样推理，也是能用于公正上的。在这种情况下较之在另一种情况下，要指出这个对象中作为那种观点基础的确切的特征或细节，也更是不可能的。

不过，在迷信和公正之间存在着这种本质的区别，即前者是无意义的、没有用的和累赘的，后者对人类的幸福和社会的生存是绝对需要的。当我们忽略这一事实时（因为它十分明显地曾为我们所忽视），必须承认：所有对权利和财产的考虑差不多就像最粗俗、最一般的迷信一样，似乎完全没有根基。假若一点也不考虑社会的利益，那就难以理解，为什么其他人说几句话，暗示同意，就改变了我对某一特定对象的行为的性质，如同在礼拜仪式上教士以某种姿态讲经就能使人们奉献大量的砖和木料给上帝一样。①

① 显然，仅仅有意愿或同意绝不会改变财产权，也不会产生一种承诺的义务（二者都由同样的推理得出）；但是，为了把一种约束关系强加于人，这种意愿必须用言语或符号表达出来。这种表达作为意愿的附属物一旦出现，很快就成为承诺的主要组成部分；而且一个人也不会不在很大程度上受到他的言论的约束，即使他私下里另有打算，并且隐瞒了他的真实想法。不过，尽管在大多数场合，这种表达构成了整个承诺，然而情况也并不总是如此；当一个人不了解他的言论的意义，却又在毫不考虑后果的情况下发表意见时，他就不一定受这些言论的约束。不仅如此，而且即使他了解其言论的意义，然而如果他只是说着玩，他所使用的符号明显地表示他丝毫没有认真考虑过约束自己，那么，他也不会承担任何履约的义务；只是他的言论必须准确地表达这种意愿，不使用任何相反的符号。不过，即使这样，我们也绝不能漫无边际地想象：一个我们以敏锐的判断力从某些符号推断他打算欺骗我们的人会不受其言论或口头承诺的约束——如果我们接受这种承诺的话；但是必须把这个结论限于那种情况，即那些符号的性质与欺诈的符号不同。如果公正完全起源于它对社会有益这一点的话，以上这些矛盾的说法是不难解释的；但是绝不能根据其他的假设对它们作出解释。

值得注意的是，耶稣会会士和其他不严肃的诡辩家们所作的道德裁决，一般都是这些思考绝没有削弱公正的责任，也丝毫没有削弱对财产权最神圣的关注。恰恰相反，这种看法必定从现在的推论中获取新的力量。就我们所观察到的而言，不建立任何责任，人类社会甚至人性就不能存在，而要达到更高程度的幸福和完美，关注和尽责就是最神圣的了。那么可能成为期望和设想任何责任的强大基础是什么呢？

这个困境似乎十分明显：由于公正显然有助于促进公共效用和支撑文明社会，这种公正观或者来源于我们对这种倾向的思考，或者像饥饿、干渴等食欲，像愤恨、对生命的爱、对儿女的怜惜等感情一样，来源于大自然为了同样有益的目的而植入人类心中的原始本能。如果事实确如后者，则财产权即公正的对象亦可以用简

运用诸如这里指出的那种推理的诡谲手法形成的，它们既来自学者精细的习惯，也来自对这种精神的败坏——如果我们可以信奉培尔的权威的话[见洛沃拉条目]。为什么人类对这些诡辩家会有如此强烈的愤慨呢？难道只是因为所有的人都认识到，如果允许这样做，人类社会就无法生存下去；处理道德问题必须自始至终更多地考虑公众利益，而不是哲学的规则吗？如果意图的秘而不宣的方面（姑且指每一个通情达理的人）会使契约失效，那么我们的安全感在哪里呢？然而，形而上学学者也许会认为，当假定一种意图是必不可少的时候，如果那种意图真是不可替代的，则完全不需要考虑后果，也不存在任何必须履行的义务。正如上文所暗示的，这种诡辩家的详细分析并不比法学家的详细分析来得高明；然而，由于前者是有害的，而后者是无害的，甚至是必要的，因此世人对它们的看法截然不同。

罗马教会的教义宣称，教士可以通过他的意图的秘而不宣的方面使任何庄严的诺言失效。这条教义是经过严格反复的验证，从一条显而易见的真理中推导出来的，这条真理即：讲话者若只有空洞的辞藻，而没有表明任何实在的意义和意图，那是绝不会产生任何结果的。如果这同一结论没有被吸收到有关民事契约的推理中去，那么在这种事情被看作远不如芸芸众生的永恒得救重要的地方，这一结论就完全来自人们在前一种情况下对这一教义的危险和不便的感知：我们由此可以看到，不论人们多么自信、骄傲和武断，迷信都有可能出现，它绝不会传播有关它的对象的真实情况的任何精确的见解，也绝不会把这些对象与日常生活小事在任何程度上进行比较，而我们正是从这些小事中学会日常的观察和经验的推理的。——作者

单的原始本能来区别，而不要用辩论和思考来确定。但是谁曾听说过这种本能呢？或者，这是一个能引出新发现的主体呢？我们可以期待在这个主体中发掘新的、以前全人类未曾看到的本性。

然而再说，尽管自然通过本能的感情来划分财产的说法似乎过于简单，不过实际上我们将发现，为了这一目的，需要有上万种不同的本能，这些本能作用于最复杂和最需细微辨别的对象。当需要对财产下定义时，可以发现这样一种联系，即财产本身通过占领、辛勤劳动、时效、继承、契约等变成了所获得的任何形式的占有物。我们能够想象大自然借助于原始本能会在所获得的这些方法中给我们以指导吗？

继承和契约这些词还代表无数复杂的概念；为了准确地解释它们，一百部法律和一千卷注释都不够用。尽管自然的本能对人类来说都很简单明了，自然本身却包含了如此复杂和人为的物体，并且创造了一个有理性的生物，而又不相信任何事物对该生物的理性的作用。

不过，尽管所有这些都得到承认，亦不会令人感到满意。实在法一定能够转让财产。是不是要通过另一原始本能，我们才承认国王和上议院的权力，并划分他们各自的管辖范围呢？为了社会的安宁和秩序，即使法官们的判决是错误的和违法的，人们也必须容许他们具有决定性的权力，并最终判定财产权。我们知道执政官、司法官、陪审团这些固有概念的起因吗？谁不知道，所有这些制度的设立几乎都起源于人类社会的需要呢？

所有同类的鸟在每个年代和每一块地方筑起它们同样的巢，我们从中看到了本能的力量。人类在不同的时间和地方建造他们不同的房屋，我们由此察觉到了理性和习惯的影响。从生殖的本能和财产制度的对比中，我们可以从中作出类似的推论。

无论市政法律的变化究竟有多大，必须承认它们的主要原则相当有规律地共同起作用，因为它们所注重的效用完全相似。同样，所有的房屋都有屋顶和墙壁、窗户与烟囱，尽管它们的形状、图案和材料有所不同。从理性和思考的角度而言，后者的效用是为着人类生活的便利，不会比完全为了相同目的的前者所做的那些事情更清楚地显示出起因。

我不需要提及这种变化，所有的财产规则得到这种变化乃是由于更细微的转变和想象上的联系，以及法律原则和推论的细微区别与抽象作用。这种意见无法与原始本能的概念相符合。

对于我所坚持的理论产生的唯一怀疑乃是教育和后天习惯的影响，它使我们如此习惯于谴责不公正，以致我们在任何情况下意识不到其有害后果的直接反映。正是由于这个原因，我们最熟悉的见解容易为我们所忽略；而我们出于一定动机经常所做的事情，我们同样易于机械地重复，而且在任何情况下都不会去回想使我们最初决定这样做的动机。导致公正的与其说是便利，不如说是走向公正的必要，这种必要是如此普遍地存在，且处处如此之多地显示了同样的规则，以致这种行为发生在所有交际中；我们能够确定它的真正起源，不是没有做过若干的研究。可是，要不是我们甚至在日常生活中都时刻求助于公共效用的原则，并追问如果这种做法盛行的话，世间会变成什么样子？社会将怎样在这混乱中生存？事情不至于弄得如此模糊。假若财产的划分或分配完全无用，何人又能想象它会得到社会的公认呢？

因此，总的来说，我们似乎已经达到了对此处所坚持的这个原则的效力的认识，并且能够确定对公共利益和效用的思考可以产生什么程度的尊重或道德上的赞同。对支撑社会的公正的需要是构成这种道德的唯一基础；然而由于道德上的优点没有得到最高限度的尊重，我们可以推断这个有用的事实通常具有最强的能量，因而最能左右我们的看法。所以，它必定是归于人性、仁慈、友谊、公共精神以及其他这类社会道德的大部分优良品质的源泉，如同它是给予忠诚、公正、诚实、正直以及其他值得尊重和有用的品质与原则的唯一源泉一样。它完全符合哲学的规则，甚至普通的道理；如果在这些规则中，任何一个规则在某种场合有着巨大的效用和能量，那么它在所有类似的场合就具有同样的能量。这实际上就是牛顿的主要哲学法则(《原理》,第 3 卷)。

第四节　论政治团体

假如每一个人都很明智，在任何时候都意识到主持正义和公道对自己甚有好处，并且坚强的意志足以坚持服从整体的和长远的利益，能够抗拒眼前欢娱和暂时利益的诱惑，在这种情况下，政府或政治团体这类事物就不会出现，而每一个人都遵循天赋的自由，同其他所有的人一起生活在完全的安宁与和谐之中。既然人们有天生的公正之心，足以约束自己，那么订立成文法还有何必要呢？既然绝不会发生任何骚乱或罪恶，何必还要设立法官呢？既然在任何情况下，即使我们极端任性，所作所为仍然无害而有益，又何必要缩小我们天赋的自由呢？显然，如果政府确实完全无用，它就绝不会产生；政府能给社会带来好处，保持人类社会的安定和秩序，这是人们对政府尽效忠义务的唯一基础。

当一些政治社团已经建立，一起进行许多交往时，人们立即发现在这种特定情况下订立一套新的规则是有用的，于是新的规章就在国际法的名称下产生了。这类规则有：大使人身不可侵犯，禁止使用有毒武器，不杀害战俘，以及其他许多类似规则。这些规则显然都是有利于国家与王国之间的相互交往的。

那些在个人之间流行的公正规则，在政治社团中间并未完全搁置一边。所有的君主都宣称尊重别的君主的权利，毫无疑问，其中有些人这样宣称并不是出于伪善。许多独立国家之间每天都在订立各种联盟和条约，如果这些条约根据经验全无作用和权威，那就只是一堆废羊皮纸。不过，国家之间和个人之间的情况有所区别。如果个人之间不相交往，人们根本无法生存；而如果不尊重衡平法和公正的准则，则个人之间的联系根本不能进行。没有秩序、混乱、全体对全体的战争，是这种放荡行为的必然结果。但国家不相交往，却仍可存在下去，甚至在全面大战中，也可以在某种程度上继续存在。在国与国之间，遵循公正的准则，虽也有益，却不如个人之间那么强烈需要，必不可少。在国与国之间，道义责任需与实用效益相称。所有的政治家和大多数哲学家都会承认：国家的理性在特定的紧急情况下可以不拘泥于公正的规则，每当严格遵守任何条约或盟约对于订约的一方或双方具有相当大的危害时，他们就可以宣称这项盟约无效。然而对于个人来说，却只有极端的必要才能表明他废弃诺言或侵犯他人财产是符合情理的。

在一个联邦共和国中，例如在古代阿开亚共和国*或近代的瑞士各州和荷兰的联省共和国中，由于这种联盟具有特殊的实际效用，联邦的条件也就具有特殊的神圣性和权威性；违反这种条件被视为是与伤害、欺凌个人同样严重的、甚至是更为严重的罪行。

人在幼儿时期较长而又不能自立，需要父母联合维持其生存，这种结合要求男女双方对于婚姻关系坚持贞节和忠实。

在这方面女人的不忠较之男人不忠害处更大。因此维护贞节的法律对于女性这方比对于男性那方的要求严格得多。

这些规则都与生育有关；然而已过生育期的妇女和妙龄红颜女郎一样不能免受约束。一般规则常常超过最初产生的原则，在所有涉及情趣风雅的问题上均有这种情况。巴黎流传着一个粗俗的故事。当密西西比河汹涌澎湃的时候，一个驼背人每天都去金桑普安大街；那里聚集着大批的股票投机商，驼背人让投机商利用自己的驼背签订合同，从而获得丰厚的报酬。虽然人们承认个人仪表之美在很大程度上取决于实用观念，难道他用这种方法获得的财富能够使自己变得英俊吗？想象虽然受到最初来自判断的观念联想的影响，却不易为我们所想起的每一特殊例外判断所改变。在这点上，我们还可以补充说，在现在所谈到的贞节问题上，旧的事例对于年青是有害的。由于不断预见到一定的时候将给自己带来自由和放纵的女人，自然会尽力促使这个时期早日降临，从而轻视这种社会如此需要的责任。

---

* 阿开亚共和国位于希腊伯罗奔尼撒半岛北部阿开亚地区，由十二个共和城邦组成。内政各邦独立自治，外交和对外作战则由联盟统一掌握。——译者

住在同一家庭之内的人们常有这种放纵的机会，如果法律和习俗允许近亲结婚，或者同意他们存在恋爱关系，那就根本无法保持风气的纯洁。因此，具有严重危害的乱伦，是极为卑鄙的行为，是道德的沦丧。

为什么雅典的法律允许人们和同父异母的姊妹结婚，但却不能和同母异父的姊妹结婚，理由何在？原因很简单：雅典的风气很保守，男人绝不能走进妇女的住室，即使在同一家庭也不行，除非是去看自己的母亲；继母和她的孩子如同别人家的妇女一样，也是不让他接近的，因而他们之间发生罪恶关系的危险性很小。由于同一原因，在雅典，叔伯和侄女可以结婚。但在罗马，既不允许叔伯和侄女结婚，也不允许同父异母的兄弟姊妹结婚，因为在罗马异性之间可以公开交往。公共效益是产生这些差别的原因。

一个人重述别人私下谈话中不让他知道的事情，或引用别人私人信件，是于他人不利的，应当受到严重谴责。在没有建立这类规则的地方，必须严格控制自由的和社会的思想交往。

甚至在重述某些传闻时，即使我们见不到会有什么恶果，说出了原传说人的名字，这如果不被谴责为不道德，至少也会被认为是不谨慎的。这些故事从这人传到那人，通常总会有不少出入，最后常常又传到有关的人那儿，从而在人们中引起敌意和争吵，其实他们的意图很单纯，并不想触犯别人。

窥探别人的隐私，开拆甚至偷阅别人的信件，偷听别人的话，察看别人的神色和行为，社会上还有什么习惯比这更为令人恼火的吗？还有什么重要的习惯比这更应受到谴责的吗？

这个原则也是许多维护良好风气的法律的基础，是适于人们自在交往和交谈的一种小德。过多地或过少地讲究礼仪都应受到谴责。一切能够促进舒适自在而又没有不成体统的亲昵举止都是有益的和值得称赞的。

珍视友谊、依恋和亲昵，矢志不变，是值得嘉奖的，也是维持人与人之间的信任和良好交往所必需的。但在一般公共场所，人们有时由于寻求娱乐和健康走到一起时，虽系偶然相聚，却可为了大众方便，偏离上述原则。在这种场合，习俗促使大家一见如故，推心置腹地畅谈。这样结识的人，过后如果不感兴趣，可以舍弃遗忘，丝毫无损于礼仪和良好的风俗。

甚至在那些建立于最不道德的原则基础之上和最有害于一般社会利益的社团中，也需要一定的规则；虚假的荣誉感和个人利益促使该社团的成员遵守这些规则。人们经常注意到：强盗和海盗如果不在他们之间建立一套新的公正分配办法，恢复被他们在抢劫别人时所已破坏了的公平准则，则根本不能维持他们这种有害于社会的团伙。

有一句希腊谚语说道：我憎恨那种什么事也永不忘记的酒伴。为了下次又能尽兴胡闹，上一次的放荡愚行确实应当永远遗忘。

在许多民族中，不道德的欢乐放荡如果蒙上了一层薄薄的神秘色彩，并在一定程度上为风俗所认可，立即就会订立一套规则用以方便这种爱好。普罗旺斯地方的著名法庭和议会从前处理所有这类性质的难题。

在娱乐团体中，也订有进行游戏所需的守则，这些守则在每种游戏中各不相同。我必须承认，这些社团的基础是无聊的，而这些守则在很大程度上（虽然不是完全地）是变化不定和任意确定的。

它们同一般公正、忠实和忠诚之间的实质差别至今还很大。一般人类社会团体对于维持人种的延续是绝对必需的，公共利益调节着道德的内容和标准，它已不可违反地确立于人性及人类所生活的世界中。因此，在这些方面二者很难作全面比较。我们从这里只能得出结论：人们要互相进行交往，就必须要有规则。

人们在路上行走互让也不能没有规则。赶大车、驾马车以及骑赶驿车都各有其让路的规则；而这些规则均以相互方便为基础，当然有时也可能是任意规定的，至少有些变化莫定，就像律师们的许多论断一样。

进一步研究一下这个问题，我们可以看到，甚至人们互相残杀，也不能没有规则和原则，不能没有一种公正和荣誉的观念。战争与和平均各有其法规，甚至由摔跤者、拳击者、棒斗者、比剑者所进行的比赛，都需服从固定的规则。共同的利害和效益在有关各方之中，肯定会树立判别是非的标准。

图书在版编目(CIP)数据

休谟政治论文选/(英)休谟著;张若衡译.—北京:商务印书馆,2017
(汉译世界学术名著丛书:120年纪念版:珍藏本)
ISBN 978-7-100-14529-9

Ⅰ.①休… Ⅱ.①休… ②张… Ⅲ.①休谟(Hume,David 1711—1776)—政治理论—文集 Ⅳ.①D095.614-53

中国版本图书馆CIP数据核字(2017)第153620号

汉译世界学术名著丛书
(120年纪念版·珍藏本)
休谟政治论文选
〔英〕休 谟 著
张若衡 译

商 务 印 书 馆 出 版
(北京王府井大街36号 邮政编码100710)
商 务 印 书 馆 发 行
北京市十月印刷有限公司印刷
ISBN 978-7-100-14529-9

2017年12月第1版 开本710×1000 1/16
2017年12月北京第1次印刷 印张13
定价:65.00元